兒童文學叢刊

一顆星子，這樣仰望星系
——林文寶小徒弟的幸福路引

黃秋芳　著

文論杖朝星主序
寶書釣渭歲指極

八十杖於朝，猶如子牙遇文王。
祝福文寶老師期頤星耀，花甲重開……

圖一
筆者兒童文學研究所畢業，與指導教授林文寶老師合影。

圖二
林文寶老師漫畫像。（圖／巴克力）

圖三
林文寶、吳淑美老師伉儷
合影。

圖四
筆者與師母吳淑美老師合
影於林文寶老師鄭重推薦
的四川熊貓基地。

圖五
林文寶老師生日切蛋糕
與師母合影。

圖六
深具童心的林文寶老
師，喜歡收藏各式小
盒。筆者挑「法藍
瓷」當生日禮物。

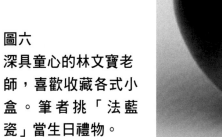

圖七　筆者自臺東大學兒童文學研究所畢業，全體畢業生與師長合影。

圖八　筆者畢業後，創作坊重新成立，兒文所師生好友合影。

圖九　林文寶老師出院後留影。

圖十　筆者與林文寶老師等諸友於秀蘭小館合影。

圖十一
筆者與林文寶老師伉儷於「嫣然衣食」餐廳合影。

圖十二
鐵漢柔情。
林文寶老師伉儷背影。

圖十三　林文寶老師於研究室與筆者和同學合影。

圖十四　筆者碩士論文《兒童文學的遊戲性》出版時與同學合影。

圖十五　國立臺灣文學館舉辦第六季「週末文學對談」筆者
與林文寶老師對談時留影。（攝於2006年6月24日）

圖十六　筆者於國立臺灣文學館舉辦第六季
「週末文學對談」留影。（攝於2006年6月24日）

圖十七　臺東豐年機場山豬窩咖啡屋一景。

圖十八　筆者於臺東大學兒童文學研究所
文化創意講座留影。（攝於2011年9月29日）

圖十九　筆者一下飛機直奔海邊的蔚藍海景。

圖二十　畢業前，和林文寶老師於臺東娜路灣飯店聚餐留影。

圖二一　林文寶老師與筆者等校友於《林文寶兒童文學著作集》新書
　　　　發表會後合影。（攝於2022年1月29日）

圖二二
筆者與林文寶老師於新書發表
會後合影。
（攝於2022年1月29日）

圖二三　筆者著《床母娘的寶貝》、《床母娘珠珠》書影。

圖二四　李瑞騰、陳素芳主編：《九歌四十：關於飛翔、
安定和溫情》書影。

圖二五
床母娘的生命列車，筆者
近照。
（攝於2020年8月20日）。

圖二六
充滿童心的林文寶老師。

圖二七　筆者著《崑崙傳說》三部曲書影。

圖二八　希望之塔和永恆之塔一景。

推薦序
一見鍾情，此生繞行

江福祐

　　應邀寫過非常多篇的序文和推薦序，但都沒有這一篇來得難寫。難寫的原因，不是因為推薦的作品內容不好；也不是因為秋芳寫得不好，這個世道有誰會嫌棄秋芳的文字呢？純粹是因為這本書要寫的這個「主角」太難搞！喔！不對，是太難以完整又詳細的來描述他。這個人，就是有臺灣兒童文學研究「祖師爺」稱號的林文寶老師，也就是我們口中那個既崇高又敬畏，但是卻又時常對我們噓寒問暖、流露關愛之情的「阿寶老師」。

　　人家說第一眼的印象很重要，一見鍾情不都是這樣發生的？當年阿寶老師擔任臺東師範學院語文教育系的系主任，第一次在校園見到阿寶老師，那鮮明的理著平頭、穿著短褲、涼鞋加背心，手中搬著一堆書的工友形象，至今仍在我腦海迴盪。然後，我發現自己現在的穿著跟後來做的事，竟然跟他老人家一模一樣，只有長髮飄逸和他老人家有一點不一樣，這就看得出來他對於學生的影響有多大。

　　當然，我要說的不是這種外在的影響，而是那種真正的「生命影響生命」的歷程。這句話，並不是在參加演講比賽時的金句，而是活生生的發生在每一個曾經在阿寶老師「看顧」之下的人身上。無論是師專時期、師院時期還是研究所時期，只有真正感受過阿寶老師細膩照顧，還有體驗過阿寶老師的「龜毛」的人，才會在他的身上，發現這樣的奇蹟與變化。

每個人從阿寶老師身上得到的東西都不太一樣。我感受到的奇蹟與變化，最明顯的就是「閱讀」。

阿寶老師愛買書、愛看書是出了名的，在他身邊總有看不完的書，也有整理不完的書，歷任由學生兼任的語教系圖書館管理員（簡稱：地下館長）們，一定到現在都還記得阿寶老師要求書要怎麼排，也就是在這個時期，完全開啟了我閱讀的視野，也接觸了許多新思潮與理論，更學會了許多做事情與做學問的方法與態度。說實話，對於阿寶老師的學術成就，我們這些小徒弟實在是很難望其項背，只能死心塌地的跟隨在他老人家身邊沾沾光，學習他在學術研究上的堅持與不懈，並且接續他在兒童文學研究工作上的志業。

秋芳希望我為這本書寫幾個字，我覺得很神奇。以往，都是我們自己出書時，請阿寶老師幫我們寫序加持，現在反過來要我寫一篇關於阿寶老師的序文，真是想破了頭。

從師範學院時期跟隨在老師身邊三十三年，一時之間還真不知如何下筆。秋芳能夠總結、細數阿寶老師在學術上的各種觀點與成就，我只能從相處與生活上來說明阿寶老師與我的師生情誼。

就像秋芳形容的，阿寶老師就像是星系一般的存在。他像恆星般永遠閃耀光芒與發出溫暖。不論是在學術領域還是在平常的生活之中，我們這些圍繞著他的小行星，就是被這樣溫暖的照顧著，而且心甘情願地一直圍繞著他。

自序
謝謝，這麼多大師傅送給小徒弟的祝福

　　這本書的書名《一顆星子，這樣仰望星系》，有個小陷阱。看起來，重點應該放在恢弘寬闊的「星系」，其實卻不是關於林文寶大師傅八十年來知識、經驗或歷史意義的宏大敘事（grand narrative）；反而把主軸放在「一顆星子，這樣仰望」的微小敘事（little narrative），透過一個小徒弟跟在大師傅身邊，「仰之彌高，鑽之彌堅；瞻之在前，忽焉在後」的學習和靠近，顯露經常淹沒在「紀傳宏辭」裡的複雜性與偶然性，所以，需要「林文寶小徒弟的幸福路引」這個副標題來打破迷思，藉一點點又一點點的「生活微言」，趨近真實。

　　第一卷，紀錄阿寶老師的光和熱，以「愛」為質量中心的星系，綁定「兒童文學」，在「熱情」、「見識」和「提攜」的強大引力間，創造出前所未有的學術星宇。各種歧出的勾連和張望，不斷點染出兒文所的教學風情、兒文所師生的創作和論述樣貌，以及在這二十年間，許許多多從兒童文學小學徒變成大明星的各種名字，像糾纏在恆星、星骸、氣體、塵埃和暗物質間的繞行和探索，或有成功、失敗，仍然燦爛耀眼，可說是最接近大敘事的普遍性，但又從非常私密的個人視角，書寫著一個不起眼小徒弟的二十年仰望，進而為林文寶和他首創的兒文所，形塑出一種瑰偉的生命典範，雖不能至，心嚮往之。

　　第二卷，回到一顆星子的努力和靠近。跨進兒文所以前，我的青春歲月種植在臺大中文系，跟著裴溥言老師愛上《詩經》，仰望她「一直都很努力」、「以付出為樂」、「活在當下」的人格典範；而後才

能戒拔「找一個小屋，四地旅行、閒逛、寫小說」的漂流惡習，學會在創作坊駐留，籌辦各種創作研習、土地報導、文學旅行、專題讀書會……，在更寬闊的現實人生裡奮鬥，轉譯著文化養分，認真創造出未來的芬芳；選讀「以前從來沒聽過」的兒文所以後，我的生命河灣，從此天翻地覆轉向。

習慣把隨興、散漫和亂七八糟當作自由的我，跟著純粹而專注在做學問的阿寶，終於深刻體會到讀書的快樂。從兒童的遊戲性回溯文學性和教育性，碩論結集為《兒童文學的遊戲性──臺灣兒童文學初旅》（萬卷樓，2005年1月）；在臺灣文學館進行第一場兒童文學周末對談；甚至延伸至創作坊的重新定位，在裴老師百歲時出版青少年讀本《有了詩就不一樣──來讀詩經吧！》，好像，兒文所的巨大引力，統整了我全部的人生滋養，讓我不斷理清邏輯、提出判斷、找出關鍵亮點，沉浸在閱讀和書寫的深沉喜悅。

第三卷的書序和訪談，繞在床母娘和《山海經》的創作，像大師傅送給小徒弟的祝福。在兒文所，跨界初試童話創作，〈床母娘的寶貝〉獲九歌九十三年度童話獎，糊塗又熱情的小床母珠珠，幾乎成為阿寶老師看待我的「模型」；《崑崙傳說》三部曲問世，讀到阿寶老師的驚喜交加，自己更是驚喜交加，這些美好的光點，成為這裡、那裡，這些、那些的星雲微光。

真的很感謝，在生命的航行中，可以遇見這樣的大師傅，給了我這麼多溫柔的祝福。像我這樣普通的小徒弟，跟在大師傅身邊，看著，學著，不知不覺寫了九萬多字，好像這二十年流光都閃爍著美麗的光影。能夠把「林文寶小徒弟的幸福路引」包裝成《一顆星子，這樣仰望星系》，為阿寶老師八十慶壽，我覺得特別幸福。

謝謝萬卷樓；謝謝摯愛阿寶老師的江福祐，耐性應付我的照片需索。謝謝命運這樣友善，為我的人生航路，送來一個這麼好的師傅，讓平淡的生活轉瞬都變成不可思議的星航。

目次

卷一
一座星系的瑰偉

留愛──速寫林文寶

　　不同的選擇和付出，雕塑出各種迥異的生命樣貌，像一本又一本書，慢慢在流光沉澱後，有的被遺忘，有的被記得。這世間所有讓人謹記終年的作品，都帶著長年累積的強烈風格，當我們翻讀林文寶老師這本大書時，撲面襲來的「熱情」、「見識」和「提攜」，濃烈地，留下愛，這就形成他雕鑿人生的獨特樣貌。

一　熱情，孕養最初

　　一九九九年，我接到以臺灣原住民神話做研究媒材的兒童文學研究者黃玉蘭的電話。陌生的聲音，隔著猜不出情緒的電話線，客氣地問：「請問，可以向你郵購一本《穿上文學的翅膀》嗎？」

　　《穿上文學的翅膀》？心裡又驚又疑，這本書初版於一九九〇年，身世流衍，簡直都變成「天寶遺事」，代理發行都撤掉了，誰還記得這本很久很久以前的書呢？忍不住丟出一串問題：「你是誰？怎麼知道這本書？為什麼想讀？」

　　這些問題像焰火，又燙又急，黃玉蘭耐下性子，仔細解說因由。她在「全臺唯一」的臺東師院兒童文學研究所就讀，所長林文寶老師常常向學生推薦「值得讀」、「必讀」、「超級需要讀」……的一長串閱讀書單，《穿上文學的翅膀》是在傳閱中她很喜歡的一本。所以，想試試看，直接向作者郵購一本。

　　《穿上文學的翅膀》，是我在完成十三本散文、小說、採訪、傳

記、古詞賞析……等不同的文字嘗試後，第一本關於兒童作文教學省思的討論。接電話當下，既震驚臺灣居然生養得出一個這麼有趣又邊緣的兒童文學研究所；又很好奇，當時的我，離兒童文學星系很遠，只是在文化座談時，有機會操作寫作教學實驗，後來，創設「黃秋芳創作坊」，整理自己對文學可能的想像和期待，自編自寫；找廖福彬畫插畫，那時他還沒「變身」成幾米，只是一位熱愛畫畫的上班族；出書時，受到《國語日報》桃園語文中心林振瑞主任的重視，義務接手發行，短短的規劃和出版，召喚一種僅屬於小眾的夢想，這位神秘的兒文所創所所長林文寶，究竟是什麼樣的人？居然可以注意到這本小書？

黃玉蘭這些話，像一個小小的引信。書送出去以後，這引信還在心裡慢慢地亮、慢慢地燒、慢慢地熱。我好奇林文寶、好奇兒文所、好奇屆近中年的自己，要不要給自己一個機會，重新再把自己丟進一個陌生而有趣的讀書環境？

終於，在火焰終將燎原以前，我掛了通電話到兒童文學研究所。

很久以後，當我踏進兒文所，我才知道，那一天、那個偶然的最初，是所長親自接的電話。隔著中央山脈，「林文寶」這個對我來說全然陌生的名字，以一種幾乎可以融掉電話線的熱情，殷切召喚：「來念兒文所！你很適合耶！我買報考簡章寄給你，對了，應考書目，全部都可以在網站上查到。」

隔天，我收到他快遞的研究所報考簡章和考試書目。他是創所所長，在筚路藍縷的過程，親自寫計畫、做公關、催公文……，不知道還要塞進去多少我們想像得到或想不到的疲累滄桑。而現在，他居然在第一時間不加考慮地為一個他喜歡的創作者去買簡章。

兒文所刻在我腦海裡，印記得最深刻的，大概就是這份簡章吧！

成立於一九九七年的兒文所，風評極佳，吸引了很多精彩的人

才。這樣群英薈萃的一九九九年，所長林文寶仍這樣殷勤地渴盼更多可能，招賢納才，即使他並不確知電話線另一端的我，日後能不能成為一個「Something」，但他的熱情，就這樣成為我對兒文所記憶最深刻、最美好的「Everything」。

後來，我沒用到這份簡章。考試前，父親住院，經歷很長一段時間調養；出院後，我把他接到身邊，二十四小時照看，忽然燃燒起來的一小朵讀書的焰火，靜靜熄滅。

直到二○○一年，我還是考進兒文所。第一次和「林文寶」這個溫熱的名字面對面，初照眼，他好像完全忘了買簡章的事，光熱烈提醒我：「我喜歡你那以漫畫屋經營為主軸的中篇小說《九個指頭》，記得在所裡，把漫畫的活水，引進兒童文學的領地。」

聽到所長這麼說，心裡一震，很感動，他看過、而且喜歡我的《九個指頭》。

一直到和所長很熟、很熟以後，才發現他以一種迅速、驚人的速度在大量閱讀，很少漏掉任何新書，無論是主流文學、類型文學、兒童文學，甚至是一些奇特有趣、設計性濃的非文學書。同樣用這些熱情，他澆灌出一個很不一樣的兒文所。他認為，「創作」是研究的基礎，極力鼓吹學生參加文學獎，透過文學獎，讓兒文所學生大舉融入創作世界。所以，我非常敬重的作家劉靜娟，在幾次發佈得獎結果的頒獎現場說：「林文寶，專教『得獎作家』」。

只要有任何不同場域的學生報考「在職專班」，醫護、音樂、美術、法律……，他總是分外期待。他的視野既高且遠，企圖經營出沒有邊界的系所，把所有跨界的活水，全都匯進他所心愛的兒童文學。這些年，兒文所的學生，在他的引領下，讀書、作報告、專題研究，大部分靠近他的人，都必須學會在很短的時間裡成為一個「和以前不一樣」的人。

二　見識，照亮前路

暑期結束前，在研究室，阿寶老師忽然問我：「最近在讀哪些書？」我說：「因為《明道文藝》三百期特輯需要，正在做李喬小說和大河日劇的對照。」

甫一說完，阿寶老師毫不考慮地接著說：「那就寫一篇臺灣文學和兒童文學相關的論文吧！先寫大綱，列出關鍵字傳給我。」

那時，我連什麼是「關鍵字」都還不懂呢！

在蒼茫的學術荒原中，他總是這樣用一兩句話點撥，我常笑說這就是參不透的「禪語」。可是，因為他的信任和期待，我始終不敢鬆懈，總是抱著「在黑暗中趕路」的心情，咬緊牙關，參不透也得「參」。直到他寄給我一箱又一箱參考書，我一箱又一箱地讀完再寄回臺東。像夜暗中終於看見一兩線微微星光，我慢慢知道，只要再多讀一點點、就可以看到更多一點點星亮。不斷讀完一箱書，再等待下一箱「作業」，成為我跨進兒童文學的星航起點。

根據我對臺灣文學的興趣，他引領我在學術研討會發表〈拓展少年小說的臺灣風情〉。後來，這篇小論文，被臺灣兒童文學先驅研究者趙天儀譽為：「讓臺灣文學和兒童文學牽手的先聲」。而後，所長成為我的指導教授，在更嚴格的磨礪下，我在各種不同的學術研討會發表〈從意識形態看臺灣少年小說的原住民形象〉、〈鍾肇政在民間故事改寫中構築生命版圖〉、〈從十三首詩談親近陳秀喜的兒童閱讀策略〉、〈從缺憾中試探吳濁流的烈性與深情〉……，跨界臺灣文學，是他領著我張望星空的開始。

世界因為仰望，所以才能寬闊；我們所有的努力，也必須因為熱情，才能越來越燦爛。他知道我著迷於漫畫、武俠這些通俗文學，鼓勵我在學術研討會發表〈讓漫畫豐富青少年文學〉、〈從奈知未佐子的

童話漫畫談文化傳遞〉；推薦我在《國文天地》（總211期）發表〈黃易從歷史真實跨向武俠虛構〉；他知道我喜歡麥克‧安迪和馬奎斯，給了我珍貴的篇幅在《兒童文學學刊》第七期發表〈在「小說」與「童話」邊緣──從「小說童話」看「兒童」與「成人」兩大文學板塊相互靠近〉；知道我喜歡劉靜娟，鼓勵我在學術研討會發表〈從劉靜娟作品尋找兒童散文活水〉；喜歡陳瑞璧，在學術研討會發表〈陳瑞璧的臺灣書寫〉。

每一次，寄出論文大綱等著阿寶老師「批評指教」同時，我總覺得，自己像航行在無邊無涯的星際，又緊張又幸福。他見證著我從什麼都不懂的「兒童文學新兵」，慢慢長大、成熟；同時我也在這漫長的歲月裡，看見他驚人的見識和力量，無論是發現學生的潛能，或者是確立學術的創見。

從一九七三年四月，林文寶在《臺東師專學報》創刊號發表小論文〈段氏六書音均表〉開始，他豐沛的論述，涉及聲韻、字詩、哲學思想、童蒙檢視、專題作家作品……，慢慢、慢慢聚焦在文化的熱情。從文化孕養的根苗上，「創世紀」般把全部的氣血放在兒童文學上，探討源流、營養，包納童蒙教材、民間文學、故事詩歌，並且細心分枝成兒歌、童詩、謎語、故事、童話、民俗傳說……。可以說，在「兒童文學」的概念還沒有普遍萌芽的半個世紀以前，他已經用一種開枝散葉的決心、魄力和無限苦勞，拼組出文學板塊上的「臺灣第一片」兒童文學拼圖。

讀書、作學問、發表論述、結集專著，同時也為兒童文學研究所打雜、拼命。行政瑣務不斷掠奪他的時間，直到第一篇論文發表後的二十三年後，一九九六年，林文寶在與徐守濤、陳正治、蔡尚志合著的《兒童文學》〈總論〉「第二節、兒童文學的特性」中，以「兒童性」、「教育性」、「遊戲性」和「文學性」為論述基礎，嘗試整理、釐

清各種不同年代的臺灣兒童文學理論研究，顛覆華文世界的哲學思辨與美學探討，理解從美學層次聯繫遊戲本質與外在世界的審美意識。

把「遊戲需要」納入「兒童」、「教育」和「文學」的傳統思惟，這是林文寶最重要的學術建樹。

踵繼於他的研究，我開始慢慢思考，可以用什麼方向來深入演繹「兒童文學的遊戲性」？在著手正式的學位論文之前，我先在學術研討會發表〈在「教」與「學」中共享兒童文學樂趣〉、〈從遊戲化社會談文學創作教育〉。

就在我反覆盤旋在範疇界定、議題延伸、風格定調……諸多痛楚中，我做了一個「大題目」的風聲外傳，不斷接到學姊、學長、其他教授的關切。每個人都強調，我們的能力只能操穩一條小船，學位論文一定要「小題大作」。只有阿寶老師，總是淡淡地說：「你想做什麼題目就去做！要知道，沒有任何一個指導教授或口考老師，比論述者更了解自己的題目，重要的是，你真的搞懂了你要做什麼題目嗎？」

整整兩年，我定期和阿寶老師見面，逐篇逐章逐節逐句檢視。別人寫論文，多半遇到問題就提問，由指導老師釋疑；我們不一樣，總是阿寶老師提問，我回答，解釋不過去的，論文就被退回。

我拖著登機箱上臺北買書，尋找相關資料；阿寶老師從臺東寄來一箱又一箱可能有幫助的參考書。就這樣，我埋在像星際迷航一樣文字裡，因為信任他，慢慢找到光亮。

三　提攜，歡喜共好

我的碩士論文《從遊戲性探討臺灣兒童文學的建構與演現》，後來以《兒童文學的遊戲性──臺灣兒童文學初旅》的華麗面目，在「萬卷樓圖書公司」出版。這本細膩而周全的世界兒童文學旅程，此

後不斷被中國研究生當作是一本博士論文。常有人向我詢問如何選購我的碩士論文？很少人想像得到，我的學術生活，只是跟著老師的提攜，歡喜覷見的一些星光。

二〇〇六年六月二十四日，阿寶老師和我在「國立臺灣文學館」連續舉辦兩年的「週末文學對談」後，參與第一場兒童文學對談。第一次，臺灣主流文學的努力，把兒童文學納入民族文化開展的重要環節。我在那溫暖的講臺上，看著阿寶老師，想起全書參證中的兩百五十六本參考書目，還有上百本看完後發現根本沒有幫助的「學術棄兒」，堆在蒙塵的書房裡。

這就是阿寶老師留給我最嚴苛、其實也最扎實的訓練。

很多人看待阿寶老師和我的關係，以為我們很熟，其實我很怕他。只要他直言一句：「這咧衝啥？」就覺得自己全盤都錯，沮喪得不得了。要是他乾脆地一聲「好！」我就可以開心很久。

很多人問我：「為什麼這麼怕他呢？」我在想，也許是因為我很尊敬他的緣故。

我看到很多他在提攜學生過程中，不遺餘力的付出。他喜歡買書，他的「藏書樓」套房、臺東的房子、臺北的房子，都因為藏書量龐大，採擷資料方便，年年提供給碩博士生借住，方便寫論文。我剛成立創作坊時，他要送我小魯出版社出版的全套童書。那要花多少錢啊！我嚇了一跳，雖然拒絕，但還是很感動。

剛就讀兒童文學所，從主流小說跨界到兒童文學的我，幾乎只能在黑暗中摸索。我必須找到一些有效的方法照亮前路，就先閱讀九歌少年小說獎的全部得獎作品；又在《國語日報》〈兒童文學週刊〉寫「最愛少年小說」專欄。兒文所的學生最新的小說集一出版，他常常在第一時間買下來寄給我，希望我有機會為這些辛苦冒出來的文學新手提供更多推薦機會。小魯出版社出齊一系列四冊《臺灣兒童文學精

華集》，他寄書給我時，交代我要多加推薦。我總笑著說：「《臺灣兒童文學精華集》每出一集，阿寶老師就寄給我。每一本，我都在創作坊的書牆上『打燈推薦』。」

「啊，林文寶老師，比我們還認真。」小魯副總編輯鄭如晴這樣說。他就這樣一路認真走來，從一九七一年取得輔仁大學中文碩士學位後跨進國立臺東師範學院。短短六年間，從講師、副教授升到教授；十年後，一九八七年接下語文教育學系主任；再五年，經過一年學務長、一年教務長的充分歷練，在一無所有的窘蹙中，接下兒童文學研究所籌備處主任一職，承擔大小勞務，終於順利在一九九七年接生兒童文學研究所。

他像溺愛孩子的爸爸似的，在所長任內，傾其所有，竭盡所能地，雕琢一個充滿人文特色的海隅學術殿堂。直到卸任後，升任臺東大學人文學院院長，仍然殷殷守護兒童文學的各種可能。五四文學教育獎、中國文藝協會文藝獎章兒童文學獎、信誼特殊貢獻獎……等，是他一路走來的「無形冠冕」。捐贈給我們懷念的兒文所「201教室」，滿滿的兒童文學藏書，全部印記著阿寶老師的「有形貢獻」。

世新大學資訊傳播學系教授兼教務長賴鼎銘教授在他的部落格「教授爸爸週記」中有一篇〈書蟲最需要空間〉這樣記述：

> 最令我咋舌的收藏家，就是林文寶教授。爽朗的笑聲是他的特色，他屢次提及，為了收藏自己多年收藏的圖書，他在臺東買了一棟三層樓的房子。換句話說，他等於擁有了自己的私人圖書館。但糟糕的是，他買書的速度實在太快，最近幾年空間又已經不夠了，所以他只好斷斷續續把不常用的書捐給圖書館。他是我所認識書蟲中，為了藏書進行空間投資的超級大戶。有時為了平衡我們的忌妒心，只能說，臺東房子那麼便宜，有什

麼大驚小怪的？但私底下，都不得不佩服他為愛書所做的不惜血本的投資。

這棟三層樓的「藏書樓」，附設一間小小的套房，很多學生、教授、拜訪學人都借宿過。每個人都想親眼目睹這種「書蟲最欣羨的豪奢」。盛夏時，我借住過幾天。一開始，在空調舒適、燈光明亮的書庫裡，啃讀各種絕版而具有歷史意義的兒童文學經典，覺得生命無瑕，這樣馨芬華美；直到入夜後準備就寢，才發現房間沒有冷氣。臺東氣溫熾烈，根本不能入睡，只好帶著寢鋪到書庫，看著滿滿的書，有厚厚的窗簾隔離致命光線，有涼涼的空調延緩褪舊。而我們呢？就這樣嘿嘿傻笑：「書啊！不好意思，今夜借擠一下。」

臨睡前，昏曚間只記得愛書成痴的阿寶老師，他的書、他的見識、他提攜學生的熱情，以及他鮮明的生命風景，這樣歡喜共好地洋溢在全臺灣最美麗的天空和海洋間。

──原刊於《國文天地》第23卷11期（總276期），2008年5月。

花婆婆和お孃さま

　　讓世界變美麗，是我們共同的願望。所以，我們才有機會，看見好多不同的人，在世界不同的角落，用各自不同的方法，認真讓世界變得更美麗。

　　像《花婆婆》這本圖畫書，從小渴望像爺爺一樣，旅行、住在海邊，最重要的是，她答應爺爺，一定要「做一件讓世界變得更美麗的事」。當她年紀大了，確實旅行過很多地方；也在海邊的房子住下來，發現她之前隨手灑的魯冰花種子，居然全都開出美麗的花。於是，她買了一包又一包魯冰花種子，散步時灑在每一個角落，而後，整個小鎮都開滿了美麗的魯冰花……。

一　花種子

　　很多人都喜歡花婆婆，但是真能遇到像花婆婆這樣的人，待在他們身邊，濡染幾許芬芳，這就需要一點點好運氣。我很慶幸，可以遇到「我的花婆婆」，碩士論文指導教授林文寶老師。

　　珍愛他的學生們，暱稱他叫「阿寶」。他出身中文系，鑽研哲學，從古典訓蒙書裡，鑿出一個窗口，用「造一個大夢」的格局、「無中生有」的勇氣，以及「不厭其煩」的耐心，草創華人世界的第一個兒童文學所。他像個孩子似地，熱情，好奇，活動力極強，在每一個可能的機會，撒下種子，種出兒童文學的各種顏色和光亮。

　　阿寶讀很多書，認識很多人，去過很多地方，然後把所有的書、

所有的人、所有的地方都聯繫起來，交錯出美麗的人文網絡。更重要
的是，他擁有一種慧眼，一眼可以察覺每一顆不同的種子，藏著別人
還沒發現的「Something」，得有機會，他就在剛好的地方，找到剛好
的時候，種下這些小種子，像魔術，開出讓人意想不到的五色繁花。

　　「蘋果樹下」作文培訓學校校長伍蘋，回顧起多年前在首爾兒童
文學國際論文會議上，和阿寶的初相識。在阿寶身邊，剛闖入兒童文
學領地的我們每一個人，都覺得自己平凡極了，讓她特別感念的是，
遠遠讓人仰望的阿寶，提點她各種關於閱讀、欣賞、學術研究的關鍵
切入點，還熱情、慷慨地送她很多書，其中包括我的書和創作坊年
刊。從那時候開始，有一顆「應該要見一面」的種子，種在她心裡。

　　聽伍蘋回溯這段往事時，我的心軟軟的，眼睛溼溼的。想起研究
所畢業前，阿寶老師多希望我可以繼續攻讀博士，確定我無意於學
術，將轉彎經營「黃秋芳創作坊」，他又大開大闔地鼓舞：「好，要
做，就做最精緻的教室！」

　　創作坊開業時，阿寶一開口就這樣問：「送你小魯出版的全部童
書，怎麼樣？」

　　哇！好奢華的禮物，當然忙不迭地婉謝，太貴重。最後，他還是
寄了一大箱書給我，領著兒文所十幾個同學一起來慶賀。直到現在，
創作坊的書牆上，還找得到好多當年大夥兒題字的童話贈書。

　　不知道為什麼，從成人小說跨界兒童文學後，無論是論述、創
作，還是教學，阿寶老師總是相信我可以成為「Something」。在伍蘋
的首爾回憶裡，我想起阿寶隨身帶著我的書，想起他對我龐大碩論的
支持，想起畢業後一路的叮嚀關切……，心裡也種下一顆溫暖芬馥的
「幸福的種子」。

　　伍蘋的「蘋果樹下」，發展得很快，一直想要做更嚴謹的作文師
資培訓。阿寶問了我好幾年、好幾次，要不要去成都講課？我一直期

望臺灣軟實力升級，不太熱衷和中國的公務交流；再加上經營創作坊團隊時，教學的專業技術，還算是簡單的訓練，為了強調「作文教育就是人格教育」，等待一個又一個老師，跨過「人格整合」和「情緒管理」的一次又一次危機，幾乎耗盡我的心力，所以一拖再拖，沒有確定答案。

　　直到二〇一〇年，創作坊團隊比較成熟了，決定二〇一一年休息一個暑假，到中國講學，也到美國閒走一、兩個月。

二　好運氣

　　計畫敲定後，沒想到團隊有老師急轉彎，在四十歲時遇到機會，決定轉行開展「人生大夢」。創作坊團隊的拼圖，忽然少了一角，輪休壯遊的「Gap Year」大夢，按下「暫停鍵」。本來想取消成都行，阿寶又在伍蘋和我之間，搭起辛苦而又脆弱的橋，往返協商。我不知道，他是在如何焦頭爛額的尷尬狀態，讓伍蘋不得不接受，把研習日期改在「蘋果樹下」開學前，最忙碌的縫隙裡。大夥兒一起惶惶然，搶時間完成連續三天的密集研習。

　　「人家都遷就你的時間，你要好好準備！」阿寶老師很少說重話，可是，他性子很急，無論交辦了什麼，我總是誠惶誠恐全力以赴。不斷和伍蘋電郵往返，針對目標對象的需要，正在三修研習大綱時，接到阿寶電話：「你一個人敢去成都嗎？需不需要我帶著吳老師，陪你去成都？」

　　「當然最好啦！可是，有人出機票嗎？很貴耶！」我愣頭愣腦地遲疑著。阿寶「哼！」一聲：「當然是我自費啊！你看要不要邀室友一起去，反正他們提供你的是雙人房。」

　　「啊！你要幫她出機票錢嗎？」哈哈，彷彿又回到校園裡可以向

老師耍賴的時候。阿寶驚天動地地拉高聲音：「哎唷！你沒有幫我出機票錢，已經夠嚴重了，還要我替你朋友出機票？」

「咦？你賺錢比我快嘛！」我裝傻。在旁邊聽到電話的朋友們都笑呆了，他們很難想像，阿寶和他的學生間，究竟經營出如何一種讓人羨慕的師生情緣？

我想起在臺東讀書時，室友去參加臺東的豐年祭。有一天，阿寶請同學們在一個神祕景點吃「超級好吃的私房雞」，沒看到她。忍不住憾憾地說：「怎麼這麼可惜？很好吃耶！」沒想到，離開前阿寶特地外帶一隻雞，讓我帶回去。只淡淡說：「以後你們自己不容易來，帶回去給室友嚐嚐。」

阿寶就是這樣，像花婆婆，當我們行走在兒童文學曲曲折折的小路上，總是能夠看到他撒下來的小種子，一路開花，不知道多少人都承接了這些無從酬謝的芬芳。

飛來飛去的阿寶，常常不在家。他的學生兼助理，住在他家。讀書，順便替他看家。有一天，阿寶打電話回家，助理報告，家裡出現老鼠，阿寶交代用黏鼠板，助理膽子小，戰戰兢兢回答：「我不敢，還是等老師回來再抓好了！」

阿寶「轟！」一聲：「到底你是我的助理？還是我是你的助理？」（參見文末附錄）

我大笑。想起阿寶的書架上，藏在各種深奧的論述間，有好多可愛的小盒子，他收藏各國精緻小巧的小盒子，一如他守護兒童文學花園的細膩深情。在他身上，我常常看見諸如此類的小故事，都流露著「大人者，不失其赤子之心」的天真。

很多人很羨慕我，擁有這樣的老師，真是好運氣！

我故意賣乖：「我最乖啊！」

「子寧比你乖。」阿寶很冷靜地評論。

乖，到底該如何評定出標準呢？我追蹤到底：「怎麼說？」。

「他一直在載我啊！」看阿寶這麼鎮定，我不甘示弱地提出申辯：「嘿嘿，你是學術界大老，怎麼可以用開車技術評論一個人呢？更何況，我不載你，純粹是為了保障你的人身安全！。我這一路發生過的驚悚事故啊，沒有坐過我的車，算是你的好運氣唷！」

三　今生緣

和阿寶在機場會合以後，他喜歡書，很快就鑽進書堆裡。由我接手照顧可愛的吳淑美老師。

吳老師是阿寶老師的心肝寶貝。她的動作慢慢的、說話慢慢的，有一種無可言說的悠然和優雅。在她寧靜的氣質裡，很難想像，曾經她是臺東教育大學語教系主任。她笑著說：「現在還要我做這麼多事，我不是無能，是沒力。」

承認自己沒力了，最美好的結果就是：從此以後，可以幸福地享受「被寵」。

我很少使用「大師」這種語彙，怕語言的誇飾稀釋了文字的魔力。但是，在兒童文學界，如果要算一兩個大師，阿寶該擠得進去吧？這個大師，動作很快，什麼是都搶著做，而且做在前面。他會幫我們買礦泉水、提行李上架，還會問我們肚子餓不餓，想要吃什麼？連走路的步幅，也遠遠把我們丟在身後。抵達成都時，航班延遲，怕接機的人等得太晚，阿寶匆匆走出雙流機場。吳老師和我在洗手間前排隊。終於輪到我們時，基於禮貌，我請吳老師先。在每個人都俐落地帶著自己的行李順利行進間，她一轉身，溫婉地把行李交給我：「你先幫我看一下。」

「你們請，我幫老師看行李。」我只好從排隊中讓開來。禮讓了

連續五、六個人以後，吳老師出來了。渾不覺流光如水，只這麼嫣然一笑：「去吧！換我來看行李。」

好不容易等到我們走出來，阿寶跳腳：「為什麼要這麼久？」

為什麼呢？我看看急性子的阿寶，又對照慢性子的吳老師，忽然想起日文裡有一種千金大小姐的專用名詞「お嬢さま」──高貴、典雅、悠然從容，書、畫、茶、花無一不精，就是無涉現實。在每個人都被一雙又一雙倉促腳步推著走的國際機場，吳老師的存在，彷如一則「消失的傳奇」，清淡而美麗，讓人忍不住跟著她放慢了呼吸。

阿寶老師專注在兒童文學領地，需要他的地方，他都不遺餘力。當他一抵達大陸，電話接個沒完。有很多人在他忙著工作時，熱情地接待吳老師。我擔心萬一都沒人照顧她，那該怎麼辦呢？吳老師笑了笑：「我寫毛筆字。」

每個夜裡，到房間看看老師，桌面上堆著一頁又一頁娟秀的行草。吳老師鄭重推薦「吳竹」新開發的自來水筆，墨色和筆韻都比以前製作得更精細。我接過筆，隨興試筆，也寫了一行字。我一向都喜歡寫字，不臨碑帖，隨意草草，也寫得歡愉不已。這一次，看到自己的字排在吳老師的字旁邊，只暗暗歎了口氣，真是「不寫也罷」。

我怎麼忘了呢？她是古典貴族裡的「お嬢さま」，字寫得好，是必要條件。

阿寶準備到樂山演講，擔心吳老師沒人陪。我們停下第三天的研習，一方面讓學員多出一天餘裕，好好準備教案設計，深入教案操作；另一方面也陪陪吳老師。在飯店大廳，看她慢條斯理地帶助聽器，彷彿四周空氣都跨入一種調慢速率的溫雅從容。她忽然說：「這一邊助聽器八萬；另外一邊，也是八萬。」

她繼續爆料，植了五、六顆牙齒，總計四十餘萬。一時，竟覺得吳老師「貴」氣十足。阿寶原來以為她為了一顆牙，看了不知道多少

次：「反正她常常去看牙。」

原來，她植了這麼多顆牙。不知道是不是多年來「耽於美食」的結局？真足以為我們所戒。

我們決定到阿寶指定的「熊貓基地」。他是個永遠不會老的大孩子，整個成都古城，我最想去武侯祠，他卻老是打斷我，再三再四強調：「熊貓基地，一定要去！」

蕭斌在熊貓基地，為我們各買一隻熊貓掌偶。我才說：「不要，不要，不要再花錢了！」時，吳老師已經高高興興套上熊貓掌偶，慢慢靠近我問：「你叫什麼名字啊？」

「名字？什麼是名字？」我一時「職業本能」地套起掌偶，回應這隻友善的熊貓新朋友。牠搖搖頭，老氣橫秋地解釋：「名字？就是人家都怎麼叫你啦！」

「噢！大部分的人，都喜歡對著我叫『偏食』。」我掌上的小熊貓，拍拍手，興高采烈地回應。吳老師指掌如魔術師，小熊貓神情生動，疑惑地敲敲頭，無可奈何地嘆：「我看你是『厭食』。」

如果不透過「如戲的人生」，我還不知道吳老師這樣看我呢！真是冤枉啊！美食，一向是我的執著、我的熱情。問題是，不能吃辣的旅人，驟降辣鄉，除了偏食，又能如何呢？

調皮的蘿蔔老師，隨手把這段熊貓故事，拍成「手機短片」。如有機會播映，片尾旁白，實有必要附註一大段「辣鄉斷腸受難記」。

四　來世約

「每一次跟著林老師，總是匆匆忙忙。這趟飛成都，很難得定點住宿，可以慢慢地走走逛逛。」吳老師這幾天，過得很開心。阿寶說：「那是因為大家都想要好好接待你的緣故。」

　　真的耶！雖然有時候，我們會看到阿寶老師因為吳老師聽不太清楚，對她大小聲。但是，誰都知道，他把她當寶貝。每一個尊敬阿寶的人，都想要對吳老師更好一點點。難得的是，我們常常因為日常生活的不如意，忽略了自己的幸福。我很好奇，為什麼吳老師也知道，阿寶這樣珍惜她呢？她笑笑說：「無論他在哪裡過夜，每一天，一定會打個電話給我。」

　　這麼多人，盛情找最好的餐廳，選最好的禮物，送給吳老師。當我們一起閒逛有名的寬窄巷子時，經過一家精緻裝潢的「竹葉青茶行」，吳老師細心地阻攔：「不要買，這很貴，很多人送我們了！我會分一些送你。」

　　她特意繞回木梳名店「譚木匠」，買一把前些天讓人陪著的時候，早就選定的小木梳。她不喜歡有人為她結帳，因為梳子是這樣私密的饋贈。好細膩的心思啊！我想起紅拂梳髮時，那長長的髮絲，如何穿飛到虯髯客的心思底；想起用來饋贈、定情的古時髮簪；想起延續到現在，總是和鮮花、羅帕、紅豆、印章、鮮花、珠寶，一起被當做愛情信物的木梳……。和吳老師在一起的時間一拉長，她這些小小的「特寫鏡頭」，常讓人意外驚喜。她這一輩子，只戀一個人。阿寶老師不在時，她堅定地說：「我最信任他，他這個人就是正派。」

　　在客房裡，我聽著阿寶老師為她解說「蝦佬聖湯」裡海膽火鍋和清鮮鮑魚的珍貴。簡單的生活，飲饌間的情意，他們這樣親密牽繫。在「聽香」吃飯時，人北國小教學團隊帶著錄影機，繞著阿寶，希望他為人北國小五十週年校慶說幾句話做紀念。好好吃著飯，忽然變得這麼正經。阿寶有點害羞，靦腆著笑容對著鏡頭說：「祝你生日快樂！」

　　我們大笑，他那天真的樣子，完全像個孩子。大家熱情地把他拉回室內，認真坐下，交代他這麼多年來他用心耕耘兒童文學，應該和

人北國小共勉,大家一起全力灌溉五十年,期待兒童成長。我們好像參與劉德華錄影一樣,開心地胡鬧著,只有吳老師很捨不得地說:「他平常是很能講的,今天完全是被大家鬧的。」

吳老師其實不用擔心,我們都覺得阿寶這個樣子,很可愛!

阿寶和吳老師準備登峨眉山之前,把行李託在我的房間。其中,最特別的是一條沾滿茶漬的小方巾。吳老師囑咐我:「小方巾要收好!你老師有潔癖,看到一點點髒,就要擦東擦西,這條小方巾擦了茶水以後,被視為毀損公物,我們已經繳了十元罰款,我把它留下來當抹布,免得他每天都要被罰十元。」

我有點錯愕,忍不住發出怪叫,這麼一小條粗糙方巾,十元人民幣耶!吳老師倒很鎮定,他們對「被罰款」,已經有了經驗。上一次在大陸,因為地板不乾淨,阿寶老師拿浴巾去擦,被「判」毀損公物,阿寶大怒:「你們自己的地板擦得不乾淨,不懲罰你們自己,居然懲罰我?」

阿寶的抗議,終究無效,不得不繳五十元罰款。這一次,吳老師一笑:「和五十元一比,十元很便宜。」

為了保護阿寶老師的「潔癖法寶」,我把這條「方巾抹布」,繫在行李廂上,打了個醒目的結,就怕因為和其他的毛巾太相像,意外被收走。沒想到,當天夜裡洗過澡,遍尋不得從臺灣帶來的自備浴巾。淡綠織線的小碎花浴巾,和飯店的白浴巾,很不像吧?打電話到櫃臺,他們居然鬆了一口氣:「是的,我們發現收回了一條綠浴巾。問題是,我們不知道是那一號房的?」

哈哈,我忽然想,如果這是阿寶老師的浴巾,他會怎麼說呢?

「有沒有十四元人民幣?給我,好不好?」上飛機前,算了算,還有八十六元零錢,轉頭問阿寶老師。他當然毫不考慮就掏錢給我,剛好讓我和蘋果樹下負責人換成百元整鈔。他覺得這世界上怎麼會有

這麼相熟相善的師生關係呢！竟也歡喜地匯進這美麗的善意，找出亮晶晶的一元硬幣和嶄新的五元鈔票，形成更好的循環，笑著推薦：「來，五元鈔票是毛澤東的照片，做個紀念吧！」

這八天，蕭斌不但接送我們、陪伴我們，還為我的文章特意去補拍我需要的照片。這次在成都，沒機會拍到阿寶和吳老師的合照，又精心找出他們以前的合照，照片裡的人影，甜甜蜜蜜地偎靠著，讓我深深記起。吳老師在飛機上，在機翼邊轟轟雷震般的航行巨響裡，輕輕的這句話：「我所知道最浪漫的事，就是和林老師，再簽一張來生的結婚契約。」

多美啊！阿寶老師一直到現在，都還沒有正式答覆……

附錄

這位膽小助理，就是後來深受歡迎的超「臺」知名作家顏志豪，附上他的自白書：

> 各位學長姊好，我就是那個「膽小」的助理。這幾天，阿寶老師一見到我，劈頭就問：「你到底去看那一篇了沒有啊？」當我面有菜色時，他就了然於心。表情告訴我，一絲的失望加上萬縷的憤怒。這股憤怒來自於，我沒有立即從命。「皇上，小的一定馬上去看。」心裡嘀咕：「皇上，你交代的好多事，都還在施工中，而且距離完工日期只有寥寥數日，我哪還有空到花園賞花啊？」就在老師連日的轟炸下，我去看了，心中雀躍，也期待。但在閱讀過後，我的眼睛差點掉了下來，本以為是我抓老鼠的豐功偉業，沒想到落差極大，變成了一隻比老鼠還膽小的小小助理，青天霹靂，淚水差點轟隆暴走。

原來，老師要我看的就是這個。最大的重點，所謂的閃光點，就是：「這個助理，實在……」對不起，我找不到形容詞形容自己，這就是這個世界的弔詭。「皇上，小的錯了，請恕罪，我只是不忍心看到可愛的小老鼠，在黏鼠板中唱著痛苦的死亡之曲。」老師，我們學的是，兒童文學，小老鼠就是兒童，文學就是小老鼠的歌聲，兒童文學就是要讓小老鼠，快樂的唱歌啊。其實，關於那次抓老鼠的事，因為聖旨難抗，雖然沒有經驗，但也要硬著頭皮上。原想老師在大陸，尚有幾日才回來，也沒有立刻處理，能拖就拖，真的不想處理這件事。只要老鼠不要犯著我，大家就相安無事，這是共生的雅量。科技發達，老師離開臺東的每個夜晚，我都必需晚報，他一開口就關心：「老鼠呢？」「在處理了。」有點心虛。這時候，老鼠竟然在旁邊嘰嘰喳喳。

「你怎麼處理？」

我支支吾吾，閃爍其辭。跟了老師五年，底細早就被探得一清二楚，馬上破口就來：「你以為我不了解你嗎？你現在一定什麼都沒做，想說我還有好幾天才回去。萬一我回去，你還沒抓到，就要我自己抓。」

咻！正中紅心。天壽，那ㄟ哈準！老師，小的錯了。老鼠竟然還在旁邊嘿嘿訕笑。我，火了。老師的經典名句又來了，就像你們知道的。「到底你是助理，呀係挖係助理。」道地的鄉土臺語氣，頗有殺氣與力量，後勁而來的威脅，久不散。老師那時候，只要遇到人，就跟大家說，他是我的助理，真的不誇張，然後大大的損我一番。

客官，真的是冤枉啦。因此，好多人打電話來研究室說：「我要找某某的助理（其實就是阿寶老師）。」（某某便是小弟）連

人文學院的職員都指名尋找。「我紅了！」

拍誰，話題扯遠了。我勉為其難的說：「知道，老鼠我會抓啦！」

「我現在沒空跟你多講，我還在外面。」可以聽到電話的彼端，歌舞昇平，鑼鈸鏘鏘，聽筒傳來啪的一聲，又是兩個世界。老師繼續在大陸逍遙，嘻嘻咧咧與人開心的哈啦；我，在臺東，繼續聽到窸窸窣窣，小老鼠的譏笑。更誇張的是，小老鼠竟然在我面前悠晃，於是人鼠大戰正式開打。我做了一番功課，決定捨棄老師說的黏鼠板，雖然小老鼠笑我，但是我們不是被教育要以德報怨。我是乖學生，要聽老師的話；最後選擇補鼠籠，當然又是折騰我一番，但也順利讓小老鼠，回到他應當去的所在，人鼠皆歡。

──原刊於「黃秋芳的巨蟹座水國」，2011年7月13日。

阿寶老師，七十從心所欲

　　阿寶老師七十歲了！距離我剛認識他時，已經十二年，剛好看到他生命中最豐富而又最多變的一段艱難而又美好的歲月。

　　他草創臺灣第一個兒童文學研究所，結了一些小小的果實後，離開轉任文學院院長。而後又「察當下之未察，覺他人之未覺」，奠基在致力推動的「後殖民」基柢，在兩岸交流最初，穿梭兩岸，像草創兒文所般開啟兩岸兒童文學最初的交流。也許讀書和工作佔據他太多時間，這十二年間，他大部分時候很快樂，時而有短短的悲傷，屆滿人生七十的這一年，他認真付出十年澆灌出來的心血，終究又成為「鄰居的花園」。

　　畢業九年來，除了每年九月二日打個電話，祝他「生日快樂」，我很少大費周章為老師慶壽。這些時日，聽著老師如常朗聲，聲音裡的顏色，卻帶著小小的Blue，決定「隆重一點」，為他的七十生日，標示一些鮮豔歡愉的記憶。

　　約了老師的時間，設宴「水來青舍」以後，接下來該煩惱的是，要準備甚麼禮物呢？

　　記憶裡，最驚艷的「壽禮」是，德姮為老師準備的一整套《野獸國》玩偶。這樣立體化兒童文學經典，沉迷於兒童文學的老師，當然很開心。老師童心未泯，一直喜歡可愛的收藏，尤其是帶著童話風格的歐式小盒子。這一年暑假，沒找到可愛的盒子，挑了一直很喜歡用來送禮的「法蘭瓷」雙海芋花瓶，圓圓小小的瓶身，放在玄關擱鑰匙、放零錢，實在方便不過。

　　主要的心思是，藉由「法蘭瓷」專用卡片的這隻溫馴張望的鹿，寫盡對老師的感謝：「呦呦鹿鳴」。溫雅合群的鹿，水不潔不飲，草不鮮不食，彷彿阿寶為我們打造出來的絕美的天涯水湄。我們都在阿寶老師打造的兒童文學平野上，自由自在地「食野之苹」。

一　從「顏回」到「子貢」

　　提早為老師暖壽。非常感謝子寧在潭美颱風的風雨中，從桃園折回中壢來接我，接著又轉返臺北接阿寶老師。

　　「阿寶的門徒們」都像古典文獻，帶著點現代人很難想像的傻勁。其中，子寧特別帶有一種「古風」。起初幾年，看子寧素簡沉靜地接送老師，而且碩論關注的議題也是安安靜靜的鄭清文，一直把他當作「顏回」：居陋巷，簞食瓢飲不改其樂。回想起年初春甦，植樹節當天，阿寶到桃園文化局開會，打了個電話讓我接送他。我從二〇一一年五月撞斷方向盤輪軸的「戲劇化車禍」後，久不開車。所以特別提早在附近喝咖啡，等著和阿寶老師會合。一等接到老師，準備叫計程車時，老師覺得我太浪費，忍不住說了聲：「你不開車，為甚麼不說？」

　　這……，老師的話，我一向很少反駁或拒絕啊！阿寶老師電話一撥，沒有預約，也不須先通知子寧預留時間，老師的電話一到，子寧就出現了。本來計畫帶阿寶和子寧到「藝奇」，分享我很喜歡的那一小鍋土瓶蒸升級改版的「鐵鍋蒸」，拙拙的土味，非常可愛。沒想到，子寧說：「剛帶老師去過。」

　　「有嗎？」完全記不起來自己吃過甚麼餐廳的阿寶老師一說，我們大笑，這真的是典型的「阿寶風格」。難得相聚，我們參觀了子寧座落在中正特區的「豪宅」，被那一面Starbucks記憶杯牆「嚇到」。其

中，還有好幾個是阿寶老師「貢獻」的。哇！這可不是顏回過的日子，竟然是「居豪宅，時尚 Starbucks 而不改其樂」的顛覆式劇本，換子寧挑選「海老」新日本料理接待我們。

　　這一夜才發現，雖然師出同門，子寧有一種對我來說完全等於空白的「基金理財」專長。子寧差阿寶三十二歲，讓人想起比孔子小三十一歲的「子貢」，聰敏有才幹，善於經商，還為孔子守墓六年，師生之情逾於父子。子寧在阿寶身邊多年，也許就是用這樣的真心在照顧老師。

　　潭美颱風，桃園落雨量，觀音居冠。子寧不太放心，前一夜建議我取消訂桌，轉到剛開幕的松山菸廠「小山堂」。但是，約相見這天，一早的雨還是很驚人。怕老師水中跋涉，臨時又決定到誠品信義總店，地下停車非常方便，彷彿風雨無涉。六樓的餐廳很多，吃甚麼都變成其次，在一起聚一聚，成為「唯一的主題」。「1010湘」最早開始，我們就選擇了這裡。開胃菜桂花蜜芋頭，一碟四小塊，老師和子寧各夾一塊後，老師把小碟子端到我面前：「你愛吃，都給你。」霸王魚頭是壽星的最愛，中辣；子寧有點吃不消；我一口都沒動，孩子氣的老師整盤端在身前，吃個精光，連他自己點的豆苗都沒動幾口。

　　「茶樹菌腐乳雞」好鹹，夾進「金銀鰻頭」，勉強可以「調淡」；為了嚐鮮，我們試著點各種新鮮沒吃過的菜色，三種湯，其他兩種，子寧說他都會做，選了我們沒喝過的「墨魚花生排骨湯」，還是只有一個字──「鹹」！

　　「檢視食材」的遊戲結束，才發現子寧等我「玩」夠了，接過湯匙的第一個動作，就是先為阿寶添湯，徹底實踐著二十四小時都「有事弟子服其勞」。就在試著這些菜式變換時，聽到阿寶老師說他血糖高。心底嘆了口氣，實在應該去「水來青舍」吃素。幸好，有很多逗壽星開心的話題可以分享，希望他每一天都像此時此刻般寧靜歡愉。

從信義區送阿寶老師回家睡午覺，老師念頭一轉，決定和我們到剛開幕的「松山菸廠」文創園區喝下午茶。子寧總是這樣舒寧從容，臨時更換路線，車子匆忙搶道，他還是耐性地繞了圓環兩圈。去「松山高中」停車時，他淡淡交代：「讓老師去他愛去的樓層，無論在哪裡，我都找得到你們。」

毫無懸念，老師選擇三樓的「書卷砌」。子寧一找到我們，幾乎是本能地，接過老師的傘，隨侍在側，仿如古代的「松下童子」，好溫暖啊！

二 純粹的閱讀幸福

臺北還有這麼多人愛看書，很感動。

好多好多當年寫碩論時只能看到簡體書的重要論述，慢慢都翻譯出正體版了。幾乎成為我那二十萬字《臺灣兒童文學的遊戲性》主軸的《遊戲的人》，剛出正體，看起來特別溫暖。還記得當年在研究所，阿寶買了好多簡體書，只要是做「遊戲研究」的研究生，人人獲贈一本。看到他排在結帳人潮裡，重買正體書《遊戲人》，往事如潮，彷彿又回到當年在兒文所阿寶研究室裡，書堆成牆，那四年甚麼都不做，光是專心讀書，彷彿在黝暗的千百年時間長廊裡，開鑿出閃閃亮著的文化微光，在千百年間有這麼多人、這麼多新奇動人的想法，和自己相應，感覺特別溫暖。

「書卷砌」的書籍陳列，和慣見的誠品模式不太一樣。照著地理區域區別，入口處平擺著《世界，為什麼是現在這樣子？》和《世界，未來會是什麼樣子？》，一照眼，就有說不出的熟悉，忍不住笑對老師說：「這兩本，是創作坊團隊的入門書，還加上《你一定愛讀的極簡歐洲史：為什麼歐洲對現代文明的影響這麼深》。如果能夠，

再用《小說十八史略》，對照出東方時空，每一個老師，透過『時間軸』和『空間軸』，理解一個龐大的文化常模，學會看見這世界的更多可能，這樣才有機會，好好帶領著我們的孩子。」

也許我們都在創作坊生活得太久了，以至於這些形同於日常生活的秩序，我們都忽略了它的精緻美好。在阿寶驚嘆連連：「在臺灣，哪有這樣的寫作教室？」時，忽然想起，書瑋老師說：「通俗論述讀久了，重新翻起小說，好像長期爬山的人忽然走在平地，讀起來好快噢！」

能夠成為讓老師這麼欣賞的「愛書人團體」，覺得特別開心。當我們走過「西亞」專櫃，藉由成吉思汗的閱讀，跳離歐、美、日本的思惟限制時，阿寶老師說：「這一系列，有一本書寫得最好。」

「《成吉思汗的女兒們》，對不對？」老師話沒說完，我開心地搶答。看阿寶老師一點頭，我好開心啊！那是書瑋老師透過網路購書而又被我「強佔」的美好閱讀記憶。我開心吁嘆：「真的耶！太喜歡那本書了，除了自己做介紹、讓老師們輪流報告之外，還指定老師們接下來做《帖木兒之後》專題演講。」

延著地理專區，看到《天之鏡 I：中南美洲與埃及祕境探奇》、《天之鏡 II：高棉與復活節島魔幻之旅》，和老師從世界古老傳說談起，感受史前文化的呼喚，沉入謎一般和天上星辰相映襯的遙遠文明；還看到了《歷史大口吃──食物如何推動世界文明發展》，又想起在創作坊和夥伴們一起讀《維梅爾的帽子》、《明朝那些事兒》的日子，有趣又有意思，這都要謝謝兒文所的訓練，讓我們極為古怪地愛上「通俗論述」閱讀文類。

「這就是你的人文嚮往。」阿寶老師很高興，當年他原希望我讀博士班，知道我不想繼續做研究，又這樣寬闊地期待我去做所有我喜歡做的事。能夠這樣聊著書，宛如重回研究室，阿寶老師說：「這種

氛圍，需要長期經營。我不相信哪一個作文教室可以做到這樣深沉閱讀。」

我心裡，一時狂潮翻湧。臺灣富裕後，人文素養慢慢成為「口號」。每聽到盛氣凌人的家長們，任性丟出許多有道理、沒道理的責難，在櫃檯折罵行政人員，常讓我痛惜。我們接觸的每一個人，都曾經是別人的心肝寶貝，陶淵明說：「彼亦人子也。」。創作坊的老師們，幸福地在二樓上課，都要感謝一樓的行政作業，替大家遮風擋雨。

聽到阿寶老師這些話，彷彿春風，吹化了這種想起來微不足道的疲憊倦怠。來往於創作坊的人，美好的居多，責難的永遠都是少數而重複的那些人、那些事。只要站在書牆前，我就被喚醒，這就是我嚮往的人文氛圍，我謝謝，所有閱讀和寫作的光點，曾經這樣深情相陪。

三　生活地圖的延伸

在「巧克哈克」巧克力專飲店，阿寶老師的黑巧克力喝得不多，巧克力餅乾也吃得很少。我捧起香醇的拿鐵，重新又回顧起十二年前的初相遇。回想起二〇〇〇年時驚心察覺，自己怎麼能夠多少年來繼續引用大學時的理論？放下已然經營十年的創作坊，踏進兒文所，認識阿寶老師，一路承情提攜，忍不住真切地對阿寶老師說：「謝謝！送給我這樣一段，純粹讀書、寫字的快樂！」

七十歲這年的「慶壽」，彷彿收禮物的人是我。所有站在書牆上等著和我相遇的書，是禮物；那些和我在創作坊繞著通俗論述找書、說書，聊個沒完的夥伴們，是禮物。夜裡寫了篇小短文，熱情又可愛的沛慈也發起「阿寶門徒賀壽遠征團」，不限人數，不必預約，在阿寶七十大壽時，不想缺席的人就自動報到！

「今天，很開心吧？」打電話給阿寶老師時，電話另一端，傳來

孩子般「嘿嘿嘿」的傻笑聲。能夠在他有點Blue的時候，看見美麗的光，也算這一夜最值得感謝的禮物。想起剛抵達松菸時，剛開幕、硬體設施收尾還不太完全，不但入口拉起施工黃線，處處淹水，水泥地磚上浮顯著泥濘的腳印，我跟在阿寶身後，跳來閃去，彷彿重回純真歲月還驚奇地問：「怎麼這麼多腳印啊？是踩上去的？還是故意燒出來的呢？」

「你噢！草地ㄙㄨㄥˊ。」阿寶老師搖搖頭，像當年看論文初稿時，「禪宗大師」般神氣又省話：「這麼多，當然是開模燒出來的。」

哈哈！阿寶就是用「省儉罵人」的手法，這樣一點一滴雕琢我們。其實，創作坊團隊對「安藤忠雄」和「伊東豐雄」的作品，花了不少時間「沉迷」，研習，參觀，報告，只是在回到阿寶身邊，享受一下「每事問，事事驚奇」的舊時光，原來是潛意識裡的戀舊。

因為阿寶生日、因為子寧的謙柔體貼，創作坊團隊的生活地圖，一時又延伸到遠方。我們循著阿寶老師的腳印，又辦了一次創作坊「誠品松菸」小旅行，張望那一大片書牆，到「A House」音樂咖啡屋，彷彿一座美麗的階梯。看著阿寶老師搭築的階梯，攀爬到永遠充滿可能的遠方。

四　最美麗的芬芳

一直相信，芬芳會回頭。帶著善意的每一個「瞬間的決定」，總是會在我們想像不到的每一個時間每一個角落，如潮水漲潮又退、退了又重回，安安靜靜地，用溫暖而馥郁的記憶，將我們包覆。

對我來說，最美麗的芬芳是阿寶上車時那一句：「德姮升主任了」，把臺東歲月裡最無可替代的「一師一友」召喚回來了。德姮喜歡讀書，研究所那三、四年間，我們喜歡在咖啡廳、在濱海的家，最

美麗的是，張望著在月圓初昇的海面談羅蘭·巴特。畢業後，我們一直維持一年一期「讀書會」。創作坊的學期韻律非常固定，德姮工作忙，又認真到近乎「自虐」。所以，總是在暑假前後，由她訂一個日子，從早到晚，彷彿玻璃罩，把我們的日常現實都隔開，只攤著各種新舊書，以繪本為主，旁及兒童文學及我偏愛的小說，說說笑笑，這樣收藏著一整天不會變舊、不會老死的精緻光色。

在生活上，我有點粗疏。剛畢業時，德姮會提醒我，阿寶老師生日。我們常常先後打電話，好像很容易在阿寶的記憶裡勾連在一起。後來，生活上比較熟的朋友，或者是創作坊的夥伴們，總是在八月底就反覆提醒我，阿寶生日到了，慢慢也都不讓德姮費心了。

這兩年，沒有接到德姮電話。沒有阿寶和兒文所的訊息交流，也沒有一年一期的讀書會邀約。雖然一直覺得生命是湖映千山，有一些人、有一些話、有一些記得或記不得的事，就像湖邊的岸、岸外的風……，山形枕色，各有天命，豈容我們選擇？可是，和德姮的「兩個人的讀書會」消失後，難免幾分惆悵。

在兒童文學領地，德姮懂得多、我讀得少，當然總是我受益；加上前些年相約由她寫下半生來的圖畫書研究、由創作坊出版，德姮自律慎嚴，自我要求從不鬆綁，我怕是這種「可能一輩子都不能完成」的禁忌，讓我們漸行漸遠。常常，慨嘆著曾經這樣相知的德姮也逸失在流光途中時，廠長笑說：「也許是因為我嫌她的有機醬油都不鹹，終於被她嫌『道不同不相為謀』。」

和德姮不相聯絡兩年了吧？或者更多。拿起電話時，心裡想著泰戈爾的《漂鳥集》：「生命如遠渡重洋，我們相遇在同一條窄窄的船上；死亡時我們同時靠岸，又向不同的世界各自奔去。」一時，竟擔心電話是不是都改號了？

德姮的聲音很倦，我只從遙遠的「阿寶說你升主任了！」講起。

當生命的洋流輕輕在我們的船邊晃漾時，相遇在窄船上的那麼多不曾褪色的記憶，慢慢都盪了回來。德姮感傷地說：「我是個非常平凡的人，沒什麼好跟別人交流，也不會主動打電話給誰。你像磁鐵，總是會吸住身邊的人，然後發光發亮。記憶不會被遺忘，但也就這樣了。」

「啊！你把我的臺詞都說完了。」我有點吃驚。這兩、三年來，平凡的我，生活得越來越宅，沒什麼好跟別人交流，也不會主動打電話給誰。我們就在這窄窄的同一條船上，越來越擁抱著「別人看不見的孤僻」。奮力把該做的工作都做好，然後藏在自己的世界裡，只能夠自在地和自己對話。

像一份最美麗的禮物。阿寶生日前一天，我們決定在二〇一四年重新恢復「兩個人的讀書會」。此時此刻，阿寶老師正在北京，不知道如何過他最正式的七十大壽？而我期盼著他健康、開心，永遠搖蕩著從臺東大學兒文所帶回來的「一師一友」的芬芳，永遠引領著我們這些喜歡他、也尊敬他的門徒，總有一天，都像他一樣，從心所欲，無論踰不踰矩，都自得。

——原刊於「黃秋芳的巨蟹座水國」，2013年9月2日。

歷史，在漂離又聚攏的記憶中

　　從無到有，是一段艱難而美麗的開場；從有而無，又是一段美麗而艱難的謝幕。

　　花開花落，是最自然又最美麗的流光行走。一如林文寶教授在一九九六年孵育出亞洲第一所「兒童文學研究所」後，以獨特的招生模式，小傳、論文，吸納來自不同背景的學養基礎，旋舞出迥異的身世故事；二〇一四年八月，臺東大學臺東校區遷移至知本校區，隨著拆卸的現實舞臺而繽紛落下的是，這裡一些些迴廊游影、那裏一點點靜日喧聲，始終不會褪色。

一　一九九九年，心旅程

　　臺東校區，成為我們跨進兒童文學世界，從無到有的「Neverland」。

　　當阿寶老師透過「寫作召集令」，準備為這一段無從複製的歲月，裁製一件美好的「文學衣裳」時，我們的回眸、我們所記得的點點滴滴，都變成柔軟溫潤的薄紗水色，藏在一字一句裡的「記憶」，終將在流光變身成「歷史」後，重新溫暖我們。

　　Never age，Never grow up，一場彼得潘樂園的召喚和迴舞，一個永不長大、永不離棄的夢幻島，一種拆解、漂離而又不斷聚攏的永恒島。

　　這場「Neverland」奇幻旅程的登機廣播，從一九九九年接到黃

玉蘭想要購買《穿上文學的翅膀》的陌生電話開始。那是我在散文、小說、採訪、傳記、詩詞賞析等不同的文字嘗試後，第一本兒童作文教學省思，出版於一九九○年，為創作坊初登場「表述」。第一次把舊傳統的「起承轉合」轉換成「背景、細節、變化、結論」的新語言，而後出現在許多寫作論述討論和作文教學現場；第一次揭示內容、結構和修辭這作文的三把鑰匙；還沒啟用後來轟動圖文界的「幾米」筆名的廖福彬初試插畫，只在《國語日報》地方語文中心發行的一點點不起眼微光，在臺灣遙遠的東部後山，居然有一位我不認識的神秘所長林文寶教授，在一所我沒聽過的「兒童文學研究所」裡，向研究生推薦這本小書？

真的很好奇，這個所、這位所長，究竟用甚麼樣的高度在勘察？用甚麼樣的廣度在收納？用甚麼樣的深度在經營？用甚麼樣的密度在檢視？這所有的好奇，讓我逡巡在奇幻機場。終於，忍不住打電話到兒童文學研究所，所長親自接電話，隔著中央山脈，熱情地召喚：「來念兒文所嘛！你很適合。你可以用『知名作家』身分申請保送。」

「我不想保送，我喜歡考試。」這個回答，應該很怪吧？後來我才發現，這位創所所長，徹頭徹尾也是個怪人，所以一點都不以為怪。光是高效率回答：「我去買報考簡章寄給你。對了，應考書目，全部都可以在網站上查到。」

隔天，我收到他快遞的研究所報考簡章和考試書目。「快遞」耶！多強烈的性格展演，充分嶄露出篳路藍縷的創所決心，為了吸引人才、創造可能，像神秘飛行的空中廣播，熱烈的邀約，正對我加速催促：「Welcome Aboard！」

然而，我遺失了登機證。考試前，父親剛出院，我把他接到身邊，二十四小時照看。讀書像生活的奢侈品，總是在生活的必然消耗

中，輕易被擠出「心願清單」。一直到二〇〇〇年，暫停經營十年的創作坊，快節奏的生活密度，一下子放慢了速率。整理雜物時翻到舊簡章，彷如穿透「時光結界」，恍兮惚兮，又聽到兒童文學的聲聲呼喚。

時隔十三年，重新在電腦的老檔案裡，找出這篇報考兒文所的小傳〈空瓶子〉。隨著舊時日的一字一句，真切感受到自己如何清空了負擔，像彼得潘，褪下無所不在的社會價值和規範，迎向嶄新的「心旅程」，重新飛翔。

二　二〇〇〇年，空瓶子

二〇〇〇年盛夏，停下創作坊設在中壢的教室，停止大部分寫作、採訪、廣播、演講、教學、研習、社團……各種時間上的分割，放下從二十幾歲開始牽纏十年的層層羈絆，學生、作業、教材……。時間變得十分豪奢。姪女兒借給我三十幾本瓊瑤小說，在一、兩個星期之間，一口氣看完。放著一箱又一箱還沒拆開的打包行囊，擱著心情和空間上應該重新整理的秩序，放掉從小到大一向相信著的「修身、齊家、治國、平天下」各種標準，跟著瓊瑤的愛情故事，一早就看得淚眼汪汪，吃睡草草。可是，有一種從來沒有過的墮落放縱，讓人沒緣由地覺得幸福。

看完瓊瑤的愛情小說，迷上唱KTV。一個人，不休歇地，把整本歌本裡關於瓊瑤改編的電影、電視劇裡的主題曲、插曲，反覆唱得很開心。

然後，買光碟機，開始不分日夜地沈迷日劇。許許多多重要的聚會都第一次缺席。朋友們問起原因，完全沒有任何愧疚或遮掩。十二集日劇，兩天到三天看完，幾個月間看了六十幾部，家庭倫理、青春喜劇、浪漫愛情、技術專業、懸疑推理……，沒有範圍，不花腦筋、

不負責任，不必一定要達到任何目標或期待。姪女兒常常笑說：「四姑，你看的日劇，都沒有挑到重點。」

忽然發現，看日劇也不是為了「挑重點」，藉以儲備對話資料來和年輕的學生、侄兒們嘻笑討論比較。光是沒有負擔地，呼吸，感覺到自由。徹骨透心地體會到，沒有負擔，讓身體裡的每一個細胞，舒服地鬆開、鬆開……，浮游在空氣裡，飽滿極了，慢慢地，和天一樣高，和雲一樣輕，和葉子一樣在翻滾，和水平線一樣遙遙遠遠……。

此時此刻的我，終於有機會發現，每一次看我的學生，躺在教室的原木地板上，什麼都不想，當他們丟開書包，枕著手，對著我傻笑，回答不出任何一個問題時，其實是他們的幸福。

人生真的不是一個又一個的問題和答案，人生也不是計畫，不是輸和贏，不是日曆行程表上一格又一格的行程或活動。

忽然發現，近四十歲，還可以跨進另外一種軌道生活，真的很棒！

二十歲以前，讀書、才藝競賽、考試、獎狀……，傷心和快樂都在一方小小的池子裡。臺大四年，最深刻的記憶埋在「義務張老師中心」工作和在「山地服務隊」的日子裡。曾經在臺東海端鄉霧鹿國小教書的那時候的我，無能而渺小。原住民孩子在平地受到任何傷害來投奔傾訴，我都無能為力。那些痛楚的記憶，一直一直都在，總希望自己還可以做些什麼。

好像很怕自己停頓下來，需要為誰、為什麼並不確知的「受苦的弱勢」做更多更多。學生階段結束後，人世間種種，有那麼多、那麼多稀奇新鮮在蠱惑我。中研院研究助理、出版編輯、採訪記者、廣告文案……，大學畢業後兩年間，從這個工作流浪到那個工作，終於決定，棄甲曳兵，不再貼「上班族」的標籤了。

想想，如果沒有公司、沒有同事，我要做什麼？幾年間寫小說，做廣播，自己提計畫專題採訪……，出書、宣傳、演講、然後又丟下

一切，到日本流盪近一年，進日語學校，流動在不同的地域喝咖啡、交朋友、看節目、寫東西，小說、採訪、讀書報告、古典文學……，看遍日本最繁華的花、最用心的經營、最精緻的文化。

終於，二十八歲回到臺灣，落腳在中壢，安安份份地，種在「黃秋芳創作坊」的土壤裡。教兒童作文，辦讀書會，做桃園採訪記錄，經營研習營隊，籌辦大型親子活動……。在三十歲到四十歲這一段一般人正忙著結婚、生子、貸款購屋、應酬、升職……的昏暗歲月裡，我卻兀自興高采烈地，在創作坊忙碌著、快樂著，當然也公平地同時以「十年」、「十年」做單位迅速老去。

生命氣力在重複十年的日子裡，一點一滴耗去。應該讓自己多點變化了吧？決定退租中壢地區那八十坪的活動空間，許許多多習慣以「創作坊」為活動據點的學生朋友都覺得捨不得。

然則，生命仍然以我們不能計畫、不能挽留的速度往前滾去，而我們並不知道我們將滾往哪裡去？「企劃」、「執行」了一輩子的我，終於空下來，什麼也不想「企劃」，什麼也不想「執行」，像一個空瓶子，靜靜等待著，生命的任何安排。

我相信，任何安排，都是一種幸福。只要我們真摯勇敢地，向前走去。

三　二○○一年，新活水

回頭重讀二○○一年的這篇小傳，忍不住驚嘆，文字有自己的靈魂，寬厚扎實地擴散於天地之間。

寫下這些文字時，很難想像，我真的一無恐懼，勇敢地向前走去。還記得，赴考前預訂了「臺東原住民會館」，考前一天，大部分的考生都早早入住，準備好好複習或休息，我卻在不斷接到電話通知，

已經超過房間保留時限。一方面苦苦哀求一定會入住；一方面還租了車，沿著臺東海邊，只要看到漂亮的海景，就厚起臉皮闖進去問：「有沒有房間要出租？」

遇到一位超級好心的阿婆十分不捨地問：「唉唷！怎麼這麼可憐，這麼晚了還沒有地方住？如果不嫌棄，我們家可以清一個房間，給你住一個晚上。」

「不是啦！我要找暑期長住兩個月的房間。」這樣輾轉辛勞，還是空手而回。深夜入住會館，櫃臺人員責問我去了哪裡？我囁囁嚅嚅陳述著找房子的不順遂。他一愣，驚嘆：「唉呀！你要先 Check in，讓我們教你怎麼找房子。否則，人生地不熟，怎麼開始？」

「可是，還沒考試耶！沒等到放榜，就先找房子，別人不會覺得怪怪的嗎？」我一說，他反而笑了：「對噢！你這樣不是太急了？」

急嗎？走過創作坊第一個十年，清空了自己。從一九九九年到二〇〇一年，這一段倉促切入兒童文學的飛行召喚，在記憶裡，銘印得這樣綿長，彷彿迷失在模糊地圖，在舊生活即將收尾時，迷離的新人生，盤旋在「很近的遠方」。溯洄從之，道阻且長，溯游從之，宛在水中央……

同樣流動在文學世界裡，讀書、寫字，忽然都變成脫拍荒詭的「異鄉人」。不認得幾個兒童文學作家、沒讀過幾本童書，尤其在論文研討會現場，只能躲在兒童文學風景區的小導遊林德姮身後，聽她仔細導覽。這個人是誰、那本書有甚麼重要性？彷彿外星人把血液抽換，光剩下一個遲疑猶豫的空殼子。這時，大魔法師阿寶，以一種迥異於我能想像的神秘造型大駕光臨。汗T、短褲、涼鞋，外加書包，神采奕奕，揮舞著魔法棒，重組著我的學習背景。音聲朗朗，成為指標：「你開過漫畫屋，對不對？你那本以漫畫屋經營為主軸的中篇小說《九個指頭》，可以引進兒童文學，寫一些青少年次文化論述；還有啊！兒童作文教學，也可以轉換成教學和閱讀策略思索。」

這就是大魔法師的「禪宗教學法」！簡單的一兩句話，常常花了我好幾年的漫長時日去摸索、琢磨。研究所那四年，我在臺東大學、靜宜大學、清華大學和明新科技大學的學術論文研討會，以及我一直非常喜歡閱讀的《兒童文學學刊》，發表過通俗文化論述〈讓漫畫豐富青少年文學〉、〈從奈知未佐子的童話漫畫談文化傳遞〉、〈從遊戲化社會談文學創作教育〉；教學試探〈在「教」與「學」中共享兒童文學樂趣〉、〈從十三首詩談親近陳秀喜的兒童閱讀策略〉。

當我在臺東海邊沉溺武俠小說時，他讓我在《國文天地》發表〈黃易從歷史真實跨向武俠虛構〉；看我在聊起魔幻寫實的光燄，他促成我從馬奎斯和麥克‧安迪談〈在「小說」與「童話」邊緣──從「小說童話」看「兒童」與「成人」兩大文學板塊相互靠近〉。

最重要的是，魔法師發現我長期關注臺灣文學，像摩西從蒼茫紅海中劈開前行的方向，他為我指出：「從臺灣本土小說中找一找，和兒童文學有甚麼關係？」

發表〈拓展少年小說的臺灣風情〉後，我深深敬重的趙天儀先生，肯定這是第一篇讓「臺灣文學」和「兒童文學」牽手的小論文。我就這樣帶著開心和忐忑，逐步完成〈陳瑞璧的臺灣書寫〉、〈從劉靜娟的生活書寫尋找兒童散文活水〉、〈臺灣兒童文學研究的侷限與出路〉、〈從意識形態看臺灣少年小說的原住民形象〉、〈鍾肇政在民間故事改寫中構築生命版圖〉、〈從缺憾中試探吳濁流的烈性與深情〉這些論文，慢慢感覺自己的舊血液裡，湧動著新活水，終至於完成二十萬字碩論《兒童文學的遊戲性》。這時，更是深切感謝魔法師阿寶，他不會改造任何一個人，只是慎重地陪伴著每一個學生，在「原來的自己」裡，發現、並且雕塑出「更好的自己」。

從二〇〇四年以後，我跨界兒童文學，激湧出生命的新活水。當我站在講臺上，無數次，希望自己也能夠，讓每個孩子都有機會，遇見「更好」。那是從神奇「Neverland」回到現實人間時，最美的回眸。

四 二○一四年，小水花

那些時，脫離常軌，住在都蘭海邊。沒有課的時候，開著寶藍小寶貝，流動在臺東海岸的天涯海角。只有在有課的日子，吃過午餐，塞在鋪著原木地板的圖畫書閱讀區兀自沉迷，那是個只有身在兒文所才知道究竟多炫亮的世界。

上課時，阿寶老師親自督造的圓弧型研究室討論桌，如一場奇幻繁複的嘉年華盛宴。

還有那隱微如「學術幽墳」的「201書庫研究室」，總讓我聯想起《風之影》、《隱字書》、《偷書賊》、《吸墨鬼》……這些穿走在文字長廊上的美麗微光。在那裡，翻了好多以前沒有想像過的書，認識了很多以讀書為志業的人，尤其是堪稱「阿寶門派大師兄」的徐錦成，彷彿藏在每一本精緻玄秘的遺忘書裡，必然配置的「守門人」，帶著點歲月的魔法，當迷途於書架高牆時，他總是輕易就把我需要的書抽出來。

慢慢熟悉了兒童文學的呼吸聲息後，兒文所幾年間，慢慢推掉地方政府的評審和演講，辛苦追逐著兒童文學模糊而又充滿熱情掙扎的前行腳印。埋在老師的「古墓山莊」，讀著一年又一年各種不同名目的兒童文學獎作品；也謝謝中原國小創校校長鄧振添，委託誠品童書部為圖書館規畫一整座精緻童書城。我在那裡，讀完一整套九歌少兒小說，窺見臺灣寫手的創作窗口，還和林德姮、蔡孟嫻一起在最忙碌又最多強颱的暑假，冒著風雨，從臺東趕到中壢，為中原國小老師們，經營一個「不是為了教學，純粹為了個人感動」的兒童文學研習營。

畢業後，日子漸行漸遠，記憶難免都變薄變淡。許許多多偶然浮起的碎片，再不是沉重的學習負擔，以及「不負今生」的使命與期許，反而是師生間掙脫「主幹道」後，緩緩流動著的支流交會，微光

淡淡，鮮色晶瑩。

桌上有水痕時，我想起阿寶老師規定我們在研究室上課，一定要用杯墊；有人過生日，我想起阿寶生日，不斷催促我們快吃蛋糕，因為他要倒垃圾；看到任何包裝小盒子，我想起他收藏的各色各樣童話般的小盒子，一時興起，他就玩得不亦樂乎。

看到天燈、水岸，我想起自己在康樂股長任內主辦的專題小講座和美麗迷離的「月光海詩歌會」。在臺東森林公園出海口活水湖堤岸上，兩岸師生相聚，遠眺太平洋，讀詩、唱歌，賞玩著文學小典故，延伸、接續，像「文化接龍」，還放了兩個天燈，一起許願時，中國籍教授方衛平問我：「臺灣學生都玩得這麼有深度嗎？」我笑說：「我們算是比較差的，臺北更厲害！」

許建崑老師玩得太開心了，竟然把火把高舉起來，高調裝扮出「自由女神」的光榮姿態，蠟油滴了下來，一時也不覺痛，整張手背上的皮膚，竟撕下半截，嚇得一整晚的「文藝片」都變成「驚悚片」，大家擠進「馬偕醫院」，陪著他，慌慌然不知如何是好？此時想起，真覺得那夜的收尾，如此劇力萬鈞。

有時，看到我的福斯Golf小寶貝，我想起暑三的讀書會，在臺北的阿寶家聚會；在臺中，竣堅熱情的往返接送和食宿招待；在我的陽光山林小屋過夜，還有菀玲提供的餐廳級精緻外燴「小提琴麵包」。當大家一本正經為讀書會「正名」時，每個人爭相提名，我提議「小寶貝讀書會」。孟嫻立刻說出大家的心聲：「噁心！怎麼想也知道那是一臺車子。」

「不是我的愛車啦！我們都在阿寶門下，每個人都有機會，變成小寶或小貝。」我還在耐性解釋，哈哈！大魔法師已經忍不住跳出來發聲：「亂講！」

我們「亂講」的時間可多著呢！任何時候任何人提到「小強」，

我都會想起圍在阿寶老師和吳老師身邊時，讓大家做的心理測驗：
「看到蟑螂時，你會怎麼做？」

有人嚷著要避開、閃開；有人尖叫、求援；有人提出各種必殺絕技；竟也有人無動於衷，讓讓就好。阿寶說：「我都把牠吃掉！真的，在鄉下我們甚麼都吃。」

「我們對待蟑螂的態度，就是對待情人的方法。」當我公布答案時，一屋子的哄笑，人人忍不住回看吳老師，她淺噙著笑，「吃掉情人」的愛，當真非同小可！只有阿寶似笑非笑，眼睛一瞪：「亂講，亂講！」

還有在畢業後，大家一起為二○○五年創作坊重新出發的「慶賀文學會」，孟嫻和德姮精心挑選的層層圖畫書，書牆上大家一起簽名致贈的長長一列童話；當阿寶在桃園文化局演講時，桃竹苗區同學們大聚餐，我趁早把帳單藏起我的椅墊下，直到結帳時才發現，我在匆忙中收起的是Menu，真正的帳單，被敏佐「搶先」截走了。阿寶嘆了口氣：「秋芳就是這樣！熱心有餘，辦事糊里糊塗。」

《床母娘的寶貝》出版時，阿寶說：「那個熱情盎然又糊里糊塗的珠珠，停留在文字裡，成為床母娘。」當我的學生、夥伴，以及中晚期相識相熟的朋友把我對應成「王母娘娘」時，只有在老師眼中，我永遠是那個糊塗「珠珠」。

就是這麼些點點滴滴記憶的小水花，讓我們在花開花落、流光走遠、歷史現實終究凋零拆卸之後，仍然看得見迴廊游影，仍然聽得到靜日喧聲。

我們的臺東記憶，從嚴謹的論述，慢慢都變成淺淺的短詩。只要小小的水花打了個漩，那永不長大、永不離棄的召喚，瞬間就迴旋成反覆拆解、漂離，而又不斷聚攏的「Neverland」。

——原刊於林文寶：《想望的地方》（臺北市：釀出版，2015年2月）。

晚涼金暖，小美好

一　寒露，跌跌不休

　　時近歲暮，《崑崙傳說》三部曲的奇幻旅程即將走向終點。教師節和剛開完刀的阿寶老師約在寒露後相見，除了探病問安，也仗著幾分多年情誼累積出來的「厚臉皮」，準備把列印好的最後一部《靈獸轉生》交給他，在首部曲《神獸樂園》的推薦序之後，再做大終章的總回顧，無酬重寫一篇三部曲的總序。

　　日子暖暖的，等著溫柔相見。沒想到，月初時，如常慈濟回診。長途坐車、驗血、等診，像學生應試，等著主治醫師批閱每半年檢查一次的「身心作業」。批價、領藥，踏出醫院前一邊走，一邊轉頭從揹包拉出外套，完全沒搞清楚原因就摔一大跤。驚天巨響震動大廳，卡漫似地衝出兩位警衛，一左一右瞬間把我撐起，放進長椅後，憂心忡忡：「你應該去掛骨科。」

　　我笑了笑，揉了揉膝蓋，還有心情安慰警衛無需大驚小怪。從小到大，我常常在銀行、操場、頒獎臺或任何想得到、想不到的地方跌倒。除了血栓剛出院時免疫力特差，摔了一跤變成蜂窩性組織炎外，一向無災無難，早養成不以為意的自在。陪診的室友更是鎮定，多年前她寫了篇〈你所不知道的黃秋芳〉，寫真描述了我們一路相交的實況：「秋芳的生存方式非常另類。如果細心一點，你會發現她的手或腳總是青一塊紫一塊，要不就是OK繃纏繞著手指，全身上下到處都是傷痕。因為她經常走路撞到消防栓，或者掉到水溝裡；要不就是皮包

帶子勾到機車把手；切片的水果被自己的血染成紅色；炒青菜加肉絲、指甲；拿鍋蓋燙傷，被油灼傷，更是家常便飯。」

沒想到，剛摔倒的時候不覺得疼。坐在接駁車上，痛感從膝蓋陣陣襲來。說了句「我得去掛個骨科」後，匆匆下車，後知後覺的室友已經被剛啟動的車子載走了。一個人，才知道跌傷是個大考驗，扳住牆，移動時痛徹心扉。忽然想起前陣子讀臺大教授黃啟方老師撲倒時的自嘲詩：「一日兩屈膝，辜負平生不低頭。」我還開開心心地回應：「這麼慘烈的人生故事，怎麼可以寫得這麼好啊！原來，才華是可以養老的，斜暉日照，都是風景。老師好好保養啊！我們都在等著讀你的詩呢！」

直到自己跌傷了，才深刻明白「斜暉日照，都是風景」，真的是「站著說話不腳疼」啊！掛了膝關節科，近晚才進診間，跛著腳上下樓，換衣服照X光，知道是「ㄅㄧㄣ」骨裂傷，從不關心保健知識的我，一時還問出超級浪漫的：「冰骨？冰雪奇緣的冰嗎？」

「骨字邊，加上一個賓客的賓。」醫師鎮定地指了指X光片科普：「髕骨，俗稱膝蓋骨，也就是膝關節的『蓋子』。」

他讓護理師到骨外科取彈性繃帶，替我纏好右膝後，交給我一份護膝型錄，圈出適合我的軟鐵型號，囑咐我至少兩個月不能彎動，否則需要開刀。說真的，我真的很慶幸，怎麼運氣這麼好啊！摔在慈濟大廳，隨手掛了號就遇到名醫，兩膝著地後還保存了完好的左膝。只是，這一跌，才理解「歲月不饒人」。我可是從小跌到大的「鋼鐵人」耶！怎麼？竟到了一摔骨頭就裂的「保存期限」啦？

這一摔，對阿寶老師的開刀疼惜，更加感同身受。一時羞窘不已。原來我們都靠近「跌跌不休」的人生出口，歲月啊！怎麼不緩緩腳呢？

二　霜降，祖師爺爺

　　阿寶老師喜歡童話般的可愛小盒，在臺東欣賞他的收藏時，我偷偷下定決心，以後送禮，記得幫著他找小盒。只是，流光的走動，從來不像我們的想像，這次在揹包裡揹著的，是沉重的老行家御燕禮盒。我們年輕時喜歡的清雅收藏，到了一定時候，都變成歲月拔河的證據。

　　膝蓋很痛，火車站出來叫了計程車，駕駛座前顫顫搖搖的小偶，讓人一上車就驚喜：「啊，傑尼龜！」

　　「這是小恐龍啦。」司機先生很正經，我大驚：「不會吧？你看他肚子上還有一塊一塊的殼，真的是傑尼龜！」

　　這是我的傑尼龜幸運日，抓娃娃大宗師江福祐，為我準備了傑尼龜和百變怪傑尼龜。這陣子，江福祐很忙，但還是抽了時間，帶著我一直很崇拜的「權威人士」小佛爺，一起趕來看看「祖師爺」，他守在開創兒文所的阿寶老師身邊三十年後，「祖師爺」這個稱號，是他致上的最敬禮。

　　見到阿寶老師，真的好幸福啊！問候病情同時，大家都變成孩子，爭搶誰是「第一高徒」。聽江福祐變身派大叔，和小佛爺來一場小說般的「碎玻璃之戀」，真的是「苦肉計」對上「空城計」，羽扇綸巾間就收穫了愛情和婚姻。看起來，小佛爺很冒險，其實很幸運，能夠被江福祐放在心上的，無論是妻兒、師長或朋友，都會被真心對待，好一輩子。能夠被他選為朋友的每一個人，都能得到他細膩的照顧，所以，我們一邊談文學、聊八卦，他已經透過電話遙控，在阿寶特別喜歡的「秀蘭小館」訂了雞湯、選了菜色。還寫了篇非常有趣的〈其實整天腦袋在放空〉，他的文字鮮活、靈動，帶著簡單的驚喜：

今天祖師爺來臺北開會和演講，白天和好朋友們一起聚餐聊
天……

我時常在我的文章中隱藏一些訊息，無論是臉書的廢文，還是
正式的文章，秋芳算是極少數能夠真正讀出我訊息意義的人，
也是極少數真的了解我的思維與我的困境的人，有時透過她對
我的觀察，我會認識一個我完全不認識的自己，精準到連老佛
爺都感到詫異，雖然我們這幾年見不到幾次面……秋芳和我都
有極快的書寫能力，只是她寫得比我更有效率，我總是覺得讓
子彈飛一會兒……

二〇二〇年的疫情喧囂，大家都很少見面。邀了沛慈，這個開朗
深情的率性女子，從臺中趕來，還帶上從北京劇團回臺蹲了九個月的
明華，寫了篇小紀錄：

有種聚會，好像沒什麼特別，卻能開心很久很久
開心阿寶老師雖然瘦了卻精神抖擻
開心巨蟹座的秋芳說是雙魚我的麻吉
開心失聲的福祐依舊努力的聊天
開心有腳傷的福祐嫂子跟著我們走很遠
開心失業九個月減肥十公斤的明華趕來收菜尾
開心我點的夢幻獨角獸漂亮又好喝
涼涼的秋日午後，一場很開心很幸福的聚會

擁抱著共同記憶，本來就是一件最美麗的「開心」。美國不少知
名動畫師，出身加州藝術學院，那間專門教授動畫繪圖的教室編號
A113，成為動畫界約定俗成小幽默，不同影片中常常出現的A113小

密碼，不只是向母校致敬，久而久之也成了一種青春的光亮，像是在告訴其他同業：「我也是從這間教室出來的喔！」

畢業後，回望著兒文所的滋養，沛慈發出邀約，我們也來設學習密碼向老師致敬，想想要為我們的文學養成設定甚麼密碼呢？那時，剛為阿寶老師慶生，腦子裡自然浮起「0902」這組數字，自然提議：「阿寶生日，如何？」

雖然最後履約的，只剩下我們兩個，任何時候想起來，還是覺得很溫暖。陳沛慈寫得比我勤快，0902成為她作品裡的「熟客」，《龍族英雄》系列背後，最重要的神秘支援；我的《床母娘》三部曲有0902流行樂團衍生出床母娘法寶「母擋停」，只是過場，幸好到了《崑崙傳說》三部曲終章，由神獸「應龍」在《靈獸轉生》轉生為決戰英雄0902，形成漫長的生命搏鬥。

即使流光走遠了，我們的心，還綰在0902。

三　重陽，晚涼金暖

「秀蘭小館」是知名的私房小廚，我坐在阿寶老師身邊，卻想不起來吃了甚麼，只記得老師精神很好。我們談讀書、學習和書寫，剛好徐錦成在新書《臺灣棒球漫畫史論──運動文學論集2》裡回顧他的論述生涯（參見文末附記），忍不住數算起每一個跟在老師身邊的助理，像「閣樓幽靈」在他的藏書樓裡扎扎實實地讀了幾年書。從師專時代開始就跟了三十年的江福祐，算是第一任吧？還有林哲璋、顏志豪，沛慈和我都不算徹底埋過書堆，勉強算是小祕書吧？為老師看過一些稿。

出院後，老師一直在看《慶餘年》。他喜歡武俠，在難得的情緒放鬆中深入通俗閱讀思索。我想起兒文所剛畢業時，老師每年都在秋

後為我寄一箱書，多半是當紅的通俗閱讀，一時升起數不完的溫暖和眷戀，忍不住笑：「快看，看完記得寄給我唷！」

沛慈正在讀《錦衣夜行》，月關崛起於《回到明朝當王爺》，很久以前，阿寶也寄了一箱給我。慢慢地，明朝的資料讀多了，月關開始把所有歷史的缺憾，透過一部又一部長達二十幾本的《錦衣夜行》，補缺重組，但又脫不掉歷史規律的綑縛。如果先讀完整套《明朝那些事兒》再和小說對照，更能察覺每一個作者在文字中投注了對大世界的關注、失落和一點點不熄不滅的希望。距離跌傷不到幾天，聽著這些、那些文學故事，嚴肅論述和通俗 IP 相互滲透，腳傷後的疼痛煎熬，彷彿減輕不少。

我們的時間，隨著「歲月小偷」的掏挖，一天又一天消耗著全部的任性揮霍。身邊還能有一、兩個愛著我們的長輩，無論是縱容或需索，都像一種奇蹟似的祝福。仿如可以放慢速度，慢慢長大，還可以在一個愛我們的人身邊，做個小孩，有時候撒撒嬌，有時候豪氣地寵愛陪伴，「假裝」自己正在玩一種叫做「長大」的遊戲。

日子裡還可以手握著長者的溫度，仿如重返純真童駭。閱讀著啟方老師的歲時日記，活在西元二〇二〇的我們，還可以跟著他打開這扇門，活進古典情韻，積陽為天，天有九重，九月九日菊花天，菊為重陽冒雨開，夏曆九月就是「菊月」，黃菊花在重陽最具神韻。青春時節的《紅樓夢》記憶，最難忘的就是瀟湘魁奪菊花詩了！憶菊、訪菊、種菊、對菊、供菊、詠菊、畫菊、問菊、簪菊、菊影、菊夢、殘菊，無需記誦，「孤標傲世偕誰隱，一樣花開為底遲」就刻印在心裡，不知道多年狂放的「孤標傲世」著，直到熟年，這才慢慢咀嚼出「為底遲」的況味。

收到阿寶老師一整箱《慶餘年》，從第一部〈鋒芒初露〉開始翻讀。想起我一直很喜歡的童話作家施養慧對《崑崙傳說》三部曲的點

評：「作者化身開明，而謹守負責、低調、守護於無形的陸吾，就是兒文所的阿寶老師吧！」

《崑崙傳說》即將收工，阿寶老師最初以「星星樹」為童話色彩定調，最後又寫了篇非常抒情的序〈且將缺憾還諸天地〉，回顧三部曲的關聯性、互文性與廣泛性，凸顯出我最喜歡的白澤這種普羅普角色中的援助者、也是《內在英雄》中的魔法師，在文學通則裡不會走上檯面的獨立存在，化為重要角色貫穿三部曲。

他寫得用心，我讀得感動。這種深深被愛護著、期待著的厚實微溫，一如《慶餘年》的死後重生，餘年歲時，晚涼金暖，人世間有無數個小美好，值得我們珍惜。

附記

二〇二一年，已然就任國立高雄科技大學文化創意產業系副教授兼系主任的徐錦成，在〈我的三次學術研究經驗〉中提及：「在兒文所的兩年期間，林老師派給我的助理工作不只一項，但其中有一項最具關鍵。林老師長年蒐集臺灣兒童文學論述書籍，當時已近三百種，他結合教學，分配歷屆研究生每人撰寫幾篇書籍摘要，逐篇校對、潤飾，若有不妥，亦可直接修訂。這是硬碰硬的下苦功，苦則苦矣，卻替自己未來的兒童文學研究紮下基礎。如果不是擔任林老師助理，且被賦予校訂摘要的任務，我便不會閱讀大量兒童文學論述，更不會因此確定碩士論文題目。寫論文雖不容易，但蒐集相關資料才真正難，而我卻幸運地省下蒐集資料的過程。林老師豐富的資料造福過不少東師兒文所的研究生，我只是其中之一。」

—— 原刊於「黃秋芳的巨蟹座水國」，2020年10月26日。

鐵漢阿寶的柔情

一 記憶漂流

周末是創作坊最忙亂的日子，看福祐到臺東，留下一張照片，阿寶老師離開後的研究室。人都「走光」了，只剩下熟悉的茶杯，標題叫做「祖師爺走光照」。圖說很簡單：「哈哈哈！阿寶老師回家煮飯了！……這樣應該不會被老師巴頭吧！」

福祐的文字，習慣苦中作樂，我卻忐忑不安。阿寶為什麼需要回家煮飯？夜裡和阿寶老師聯絡，才知道師母跌了一跤，腦出血，加護病房住了一陣子。出院後，動作一直都慢，轉神經內科檢查，問題出在，多巴胺分泌不足。

多巴胺參與了我們生命的整建藍圖，負責維持心律、血流，增進睡眠，提升專注，豐富學習和應對動機。一旦多巴胺偷懶，腦部黑質區（Substantia nigra）崩壞，腳步平抑，步履遲緩，形成運動障礙，特別容易跌倒，如果疏忽，很容易衍化為巴金森症。師母可能是因為多巴胺罷工在前，跌倒在後，生理衰退得快。阿寶老師的生活重新調整，從來不管帳的新人生，要仔細財務管理了；一向遠庖廚的君子，也開始變換著餐色做飯。

在電話裡，聽得非常不捨，特別想看看老師，相約小雪日相見。記得去年寒露前，阿寶老師脊椎開刀，帶了修復軟骨的「老行家」燕窩；今年除了先為阿寶預訂不同口味的十穀玄米棒，還特別繞到SOGO「華齊堂」專櫃，幫師母帶珍珠粉燕窩飲。沒想到趕上周年慶，停車

場大排長龍，室友決定沿著大樓繞，囑我快點。櫃姐好意提醒，先去領來店禮，我匆匆奔忙：「不用啦，我的車還在雨中繞圈圈呢！」

一接過禮盒，天哪，可真重啊！血栓出院後，我連吃了兩年有機農場的滴雞精，後來發現「華齊堂」特賣折扣很親民。透過到府宅配，又吃了一兩年中藥配方，上課前吃了總覺得精神很好，當「蠻牛」使用。第一次發現，這種「貴重」的禮盒，真不適合店面選購啊！室友開始叨念著：「兩手捧好，不要單手提，別忘了手臂剛撕裂傷。」

在大雨中，我們的對話好像平行時空。她不斷在思緒裡檢討改進，這麼重，應該直接宅配到老師家；我卻自顧自回望這二十年來，阿寶老師對我們究竟有多麼好的「豐功偉業」！好久不曾這樣深切想念一個人，見面前的每一天，都能想起一些阿寶老師的小事，說個沒完。

好不容易等到小雪日，想起去年髖骨剛摔裂，計程車司機因為單行道不好走，在雨中讓我下車，我就這樣跛著腳，在陌生的巷弄間繞來繞去；今年還帶了這麼重的禮盒，上車前就先講好，一定要找到大門口我才下車喔！誰知道司機先生沒有導航，我們像迷航的星子，繞過來繞過去，只好找了個看得到巷弄路牌的咖啡廳下車，等著阿寶老師來接我。沒想到，他沒聽過，不知道在哪裡？

天～哪！我又在雨中扛著「重負」繞來繞去。像一顆漂流的星子仰望星系，歷史總是以相似的軌跡微調後慢慢重現……

二　鐵漢柔情

好不容易見到老師，特別作了備忘：「搭計程車，記得在信義路二段四十四巷右轉，免得又陷入單行道陷阱。」阿寶老師還領著我去找捷運出口，東門站，往杭州南路走。陪他們到臺灣銀行，師母對眼

前的事有點迷惘，過往的記憶卻這樣精確：「秋芳命好，從來不必過問日常財務。」

在「嫣然衣食」午餐，精擅泡茶的師母，謝絕套餐附贈的飲料，讓老師回家取「奇古堂」凍頂烏龍。當記憶緩緩散逸，寫字，泡茶，始終是她最眷戀的絕美。

多巴胺慢慢消失時，我們想和記憶拔河，就得重建運動、食物和生活習慣，茶胺酸，高蛋白質，充足的蔬果，最重要的是靜坐冥想，可以降低壓力和焦慮。師母用泡茶、寫字來替代靜坐。每兩周，阿寶老師耐性地陪師母上臺北，前一天上薛平南老師的書法課，接下來再用一天在「成長基金會」教書法。所以，現在臺北的家，每一個角落不是茶、就是書法。

餐後送師母回到銀行，繼續理財諮詢。我們一離開銀行就接到電話，師母的皮包遺落在咖啡館。阿寶老師立刻下指令兵分兩路，我先趕回去陪師母，他去拿皮包。趕到銀行，師母不見了，我和取回皮包的老師一會合，又立刻岔開兩條路，分別去找師母。我找到師母時，聯絡老師，他一逕擔心著：「有銀行的人陪著她嗎？她是一個人、還是兩個人？」

那焦灼的語氣，讓陪伴的我，一下子心就融化了。以前的阿寶老師，像周星馳的喜劇片，自在穿走在他的志業和嚮往，從無厘頭的誇張中，讓我們感受到經典般的獨特和敬仰；現在的老師，像許鞍華的文藝片，放下了獨來獨往的自己，淡語中漾現出緣深情也深的牽絆。師母淡淡說：「我想自己回來拿皮包，不想依靠別人。一直依靠別人，會變笨。」

「你不依靠我，還能依靠誰？」如果十年、二十年前，阿寶老師懂得這樣對師母說話，不知道她會多開心！我想起十年前和他們一起成都來回，師母說過，最浪漫的事就是和林老師再簽一張來生的結婚

契約，阿寶老師沒有正式答覆；想起和她在熊貓基地各套一隻熊貓掌偶，她所設想的每一段小故事，都想透過視訊演給遠在日本的孫兒看，至今卻都只剩下淡淡的惆悵：「敏敏上國中啦！我們現在已然語言不通。」

有時候，為了把事情講清楚，阿寶老師多說兩次，師母就覺得：「他罵我」；有時候因為人多，老師使勁加快速度拉她的手量體溫，她也這樣悲傷：「他打我」。看著像孩子般向我告狀的師母，這樣溫柔地感傷著，無瑕的青春，曾經的美好，隨著歲月瀲啊瀲地，就這樣化成碎片，不多不少地落在我們身邊，忽然深深覺得，每一天每一個瞬間，好像都值得比現在更珍惜。

我們能夠付出的愛，有一定的保鮮期。總有一個期限，時間到了，我們會遺憾，自己愛得不夠，更遺憾的是，那時候的我們可能並不確知了。

三　小雪取暖

每一年的相聚，習慣向老師報告一整年的工作進度。老師一生都訂《國語日報》，早已看到我的「在家讀論語」專欄，也為即將出版的《有了詩就不一樣：來讀詩經吧！》和《做自己的煉金師：來讀論語吧！》掛名推薦。

我們從洪國樑和黃啟方兩位老師的〈序〉，聊起臺大和兒文所給了我截然不同的滋養。這兩個月，我正努力修潤客家朋友九萬多字的素人小說，為了把過於漢化的族群開拓與融合，還原百年原貌，埋進泰雅論述的爬梳與整理，幾次鑽出龐雜的論述縫隙，特別感謝阿寶，他為一向黏附在直覺與情緒的我，開闢出一條講究邏輯、釐清因果順序的深邃思路。

　　三級警戒後的二○二一年，創作坊近四個月停擺，我任性地寫《論語》、寫《二十四詩品》、寫王母娘娘的《太初傳說》三部曲，常感恩於「字畝文化」的寬容，接納我所有的天馬行空。一直不知道為什麼，終於有機會問季眉，為什麼可以這樣放心地接受我書寫的全部？她說，「阿寶特別欣賞我。」

　　畢業十幾年了，我還在承受著老師的餘蔭。遲了一年，終於有機會認真向阿寶說謝謝。我們聊到即將出版的跨界書寫《小說拾光》，阿寶老師說：「兒童文學本身是無法獨立的。如果缺乏其他學科的撐持，路就走不寬，也走不遠。」

　　我太喜歡了！就拿出手機備忘錄，慎重地記下來，並且問：「如果女主角生日和拉格洛芙同一天，老師會怎麼想？」

　　「《騎鵝旅行記》如果純粹從內容來看，顯得有點八股，但是，它的內涵和精神，有比文學更寬闊的人文意義。」阿寶一說，我立刻聯想起他在七○年代率先提出的「滑稽美學」，用兒童性覆蓋教育性，用遊戲性豐富文學性，經過近五十年，「滑稽美學」又將在搞笑、幽默和笑聲裡的眼淚，重新注入活水，這就是比文學更豐富的人文思索。

　　畢業十幾年來，阿寶一如其名，始終是我的「文」化「寶」庫。去年來看阿寶老師，我貪心地邀了篇《崑崙傳說》三部曲的〈總序〉，沒有稿費；今年忽然又大起膽來邀約：「老師，《小說拾光》新書發表會，想找「小說拾光」寫作會的成員談〈小說閱讀和書寫的著魔〉；找鋼琴和小提琴演奏書中柴可夫斯基〈心愛的地方〉深入導聆；也請你來談跨界書寫，同樣沒有出席費喔！」

　　就在我們一起哈哈大笑時，我忽然問：「老師，我這一路跟著你、寫著你，應該可以出一本書了吧？」

　　「怎麼可能？我才看過兩篇。」阿寶老師遠離網海，確實不知道

我習慣記錄我們師生的相見和討論。回想起我的學習履歷，最讓我增色的，應該就是裴溥言老師和林文寶老師吧？裴老師遠在美國，相見時日有限，我寫了兩萬多字的裴老師紀事；和阿寶老師年年相見，應該足以寫一本書，書名就叫做《一顆星子，這樣仰望星系》。

　　我在這二十年間，看著阿寶老師的努力和付出，一如仰望星系，一直這樣耀眼而美麗。

──原刊於「黃秋芳的巨蟹座水國」，2021年11月23日。

卷二
一顆星子的仰望

被處女座所老闆嚇醒

接到處女座所老闆阿寶的電話：「論文寫到哪裡啦？我要上臺北，帶論文來，一起討論！」

一下子，我的「政治精神病」立刻被嚇醒。二二八牽手護了臺灣後，立刻驅車北上，接受所老闆對論文的「批評指教」！好不容易搞定第一章緒論，寫得「撲朔迷離」，雖然實際不能、仍儘可能藉由遊戲性的建構與拆解，超越意識形態與刻板印象，辨識差異，置對照重「地區的整體性」與「文化的特殊性」，提供認識世界兒童文學的文化簡圖，做為深入研究的基礎。

接下來的第二章和第三章，繞逐著「遊戲性」做主體辯證後的延伸討論。知道老闆的脾氣很急，通常和他見面前我會磨牙、熬夜趕工，然後不能控制地「皮皮剉」。本來計畫在論文 Meeting 前，把最後一小節寫完，宣告「第三章」完工。誰知道，臺灣的政治變化，搞得我心情很差；老爸也是「激情份子」，電 Call 全部的兄弟姊妹請假回去，陪他講選情、聊是非。槍擊事件把老爸氣到要：「抓到兇手誅三族，哼！要是以前就得誅九族！」我們只好：「嘿嘿嘿，老爸歌仔戲看多了！」

連著幾天守著電視到深夜，第二天一早又繼續盯住電視。長痘子，口角炎，眼睛紅，室友開始舉白旗投降。我說什麼他都應：「好好好，你說什麼都對，你快要變成神經病了！」

被室友「綁架」去大溪買花，散散步、坐坐咖啡屋，在心目中的第一名餐廳用餐，總想著如果真的疼惜臺灣，就應該好好寫一篇好論

文！剛下定決心，一回家就復工後，政治亂象又出現變化，一時血液又往上衝，繼續盯住電視，從早到晚，從晚到早，身心失調，內分泌錯亂，室友說：「你再不寫，要準備榔頭了！」

在心裡說了一百次「好啦！」戲卻始終不肯落幕。終於，所老闆一通電話，戲還在上演，觀眾不得不離席。

打開電腦，說也奇怪，這光怪陸離的社會，真讓我覺得，就像一個充滿表演與拼貼，意義喪失卻又希望無窮的「遊戲化社會」。延宕很久很久的最後一小節，終於順利在討論前完稿，無論是家人或朋友都替我做了結論，我可能被戒嚴統治太久了，居然，還這麼怕老師。

威權，已然在我這純真善良而又膽小的臺灣人心中，牢牢生根了。

──原刊於「黃秋芳的巨蟹座水國」，2004年3月25日。

攀向喜悅與感謝的天梯

　　二十歲以前，很怕自己停頓下來。寫書、演講、採訪、在異地異國流盪、生養「黃秋芳創作坊」……。在別人忙著結婚、生子、購屋、升職的三十歲到四十歲這段慌亂歲月，我教作文、辦讀書會、經營研習營隊、籌辦大型親子活動，同時以「十年」、「十年」做單位迅速老去。

　　二○○○年夏日，放下重複十年的創作坊生活，終於空下來，像一個空瓶子，靜靜等待著生命的任何安排，並且相信，生命的任何安排都是一種幸福。

　　在大部分人都進步到不知道如何形容的「視聽先進」狀態下，終於第一次買了光碟機。很少看電視的我，在日劇裡發現新天地，著魔似地，看了幾百片幾千片的VCD。室友「怕我瞎掉」，上網搜尋足以逼迫我「從電視前拔開」的各種可能。後來，她發現兒童文學研究所，在距離考期只剩下二十幾天的緊迫期限裡，到各個誠品據點大肆搜購考試指定專書，一股腦兒塞給我。

　　也許這就是「生命的安排」。就這樣，二○○一年夏日到了臺東，和兒童文學相遇。那時候的我還不知道，在跨進兒童文學場域同時，我也攀向喜悅與感謝搭築出來的天梯。一直到四年的學習歷程即將告一段落，二十一萬字的論文，具體演示著一千多個日子以來的飽滿與豐富。我才忽然確定，曾經有過這麼多人的照顧與成全，讓我一步一步，華麗地走向幸福。

一　論述的意義

　　回想起在《兒童文學學刊》發表的第一篇論文，其實是蔡尚志老師「童話研究」課的作業。蔡老師對「創見」與「證據」的要求，成為我那漫長而絢麗的論述旅程起點。而杜明城老師「我說了算！」的氣魄與格局，以及為這本其實不算周密的論述，寫了篇精緻而生動的〈序〉，讓我在論文書寫上得到極大的自由與樂趣。在「議論的判斷與創見」與「證據的蒐集與分析」之外，分外重視「外在的滲透與回應」，並且反覆確定，深邃論述的意義在於：一、具有想像性與原創性的判斷。二、合理且環環相扣的證據。三、文化能見度的拉高與推廣。

　　隨著「文化能見度」的位移，我才徹底地在兒文所經歷著不斷「拆解」、同時也不斷「建構」的智識上的成長。我的碩論議題，從入學時遞送的研究計畫〈兒童文學的教與學〉；到因應少年創作熱潮引發的〈少年寫的少年小說〉思考；而後在阿寶老師建議下，從「實證」議題換成「理論」，以遊戲性建構的臺灣視角，把遊戲討論放入世界兒童文學的平臺，放入人類文明建構與演化的有機討論。

　　深夜裡即將入睡前，我會特別覺得自己幸福的原因，並不只是因為學院高牆裡的呵護，更多的是那些並不為了特別原因就能真摯為我付出的各種各樣的「貴人」們。

　　邱各容先生致贈一整套「靜宜大學兒童文學與兒童語言論文發表會」論文集，讓我得以從成人文學初初跨界兒童文學時，以臺東師院《兒童文學學刊》和「靜宜大學學術論文集」，做為「臺灣兒童文學研究建構與發展」的理解捷徑。他在「臺灣兒童文學史」的戮力經營，對我形成一種典範。在還沒看過我的學位論文初稿前，慨然邀約我在富春出版，雖然最後還是不忍在論述出版上增加他財務上的負

擔，還是有一種被尊重與被珍惜的感激，日益豐富。論文正式出版前，他在執行財團法人國家文化藝術基金會《臺灣兒童文學發展研究》獎助計畫研究報告之前，特別又為這本書的校訂，挪出大量的時間，費盡心力，每一想起如此盛情，常興起「結草銜環」之慨。

趙天儀先生第一次在論文研討會上讀到我的〈拓展少年小說的臺灣風貌〉一文，就嘉許這篇論文是「臺灣文學和兒童文學接軌的起點」，他常和我談起研究計畫，推薦我去參加兒童文學國際會議，不斷給予我許多原來不敢臆想的打氣與激勵；李南衡先生對臺灣文學的真情摯愛，以及一種接近瘋狂的無私奉獻，照亮我在研究與學習上的疲倦與怠惰；林武憲先生一絲不苟的素樸認真、專注嚴謹，我力雖不逮、心嚮往之；方衛平先生遠從大陸寄贈他精采的論述，在論述不斷、又要兼顧浙師大兒童文學研究所瑣務的百忙之中，仔細為我校訂中國兒童文學專章，並且提出非常多精彩的針砭，我雖力不能逮，仍然努力刪修；還有論文研討會上無私提攜照顧的所有兒童文學界的前輩們，此時此刻，真有不能勝數的感謝。

二　文學的養分

為了確定臺灣兒童文學萌芽期的養分，我在素不相識，也沒有任何推薦背景的情況下，發函給整編臺灣民間文學的全臺文化局與民間文學研究學者。苗栗縣文化局長周錦宏在兩天內回覆，不但惠贈民間文學整理專著，並且委請專員秀美全力配合我的研究；陳益源先生在母喪中還體貼地通知我，待繁瑣諸事告一段落，隨即寄書。他們所示範的寬容、真摯，以及在學術殿堂裡相互依存、提攜的恢弘格局，深深叫我動容。

論文撰述中，一遇到電腦問題就儘速趕到我家的昱威電腦公司老

闊林文德先生，對於幾近電腦文盲的我來說，其實扮演著「平安燈」和「護身符」的角色；替我跑圖書館、做英譯摘要的 Witt，讓我重回一種素樸的人際互動；熱愛學術的耀聰，對有機發光二極體（OLED）的說明與闡述，讓我的有機論述，掙脫了人文發展的侷限。

兒文所的同學，在各自焦灼忙碌的研究歷程裡，還有餘力給予我各種支持與幫助，我一直把這些福分當作一種「老天爺的禮物」。在誠品上班時的孟嫻，替我查註解、訂英文書、找各種華文參考書。離開誠品後的孟嫻，又在生活上給予我持續而有效的細節管理，我永遠不會忘記，當她夾纏在龐雜的凱迪克獎論述整理中，仍抽出時間連夜替我製作複雜的臺灣文學建構分期表格；德姮對論文的嚴苛挑剔，始終是我最珍惜，也最害怕的「鏡子」；美雲經常快遞慈濟薏仁粉的厚愛；瑞霞、雅蘋和公元的精神打氣；班長佳秀在畢業前的忙碌付出；順弘的電腦教學，以及千里迢迢「宅急便」指導教授到府服務的盛情；竣堅的 Power Point，給足了這篇論文美麗的「面子」。

當然，在這篇論述背後，有更多的形影與印記，已經不只是感謝可以盡說。指導教授林文寶老師對我的無限支持，從來不曾在我的張望與計畫中侷限我。當我跨入嶄新的論述場域時，他就一次又一次、一箱又一箱地遠從臺東寄書給我，在買書不便的山居生活久了，忽然拆開一箱書，那種感覺，分外豪奢。每一次論文討論，他輕描淡寫的一兩句話，像禪宗對話，總是精確而具體地點出我的問題，我必須花更多的時間，讀個十幾本書消化後才能補足缺隙。我對他最深沈的感謝是，這四年沒有工作的專業讀書生涯，只要和老師一起吃飯，他就請客，常讓我想起臺大中文系的恩師裴溥言對我的親密叮嚀：「秋芳啊！這世界上只有父母親和老師，可以最無條件地愛你。」

剛考上律師的賜珍，在臺北實習這半年間，不斷為我找書、買

書，甚至在論述行進到緊要關頭時冒著狂風暴雨到五南書城連夜把我要的書買回來。至於那些年代久遠的參考書，賜珍在律師公會全聯會研習受訓那一個月，剛好在國家圖書館對面，她所有的休閒時間和約會時間都埋在書庫裡，替我找書、替我影印。直到現在，我對圖書館的想像仍然停留在幽深黝暗的長廊，有工作人員的腳步聲，從深深的、遠遠的地底傳來。很像童話故事吧？朋友們都在笑：「秋芳，你可能是唯一不用上圖書館的論述研究者。」

三　書寫的祝福

　　不斷支持著我的家人，從我放下工作、重新讀書那天開始，就怕專注在論文裡的我斷糧斷炊。每到生日、過年過節和開學時候，都不忘包個大紅包當作我的「獎助學金」。冰箱裡永遠有家人的「愛心食物」，一次包足兩三百個的水餃、上百個貝果、盒裝米粉、我愛吃的南臺灣碗粿、新竹肉圓……。鄰居、朋友們相繼送來的蘿蔔糕、茶葉蛋、一整鍋香噴噴的滷肉，連碧春的家人也加入紅包與食物交錯的「獎助」行列。畢業時，無論我將來會成為什麼，或者什麼都沒有，他們好像又根本不在乎似地，包給我兩萬元的紅包，讓我像一個「永遠的小孩」，可以一直只做自己想要做的事。

　　當然，深深了解我的碧春，不斷接受我的二十四小時「論文口頭發表」。並且在我荒殆時，加緊督促我的進行速度。在我著魔似地固黏在電腦前瘋狂敲打時，又不顧一切地拖著我出去散散步、吹吹風，喝杯咖啡、溫一壺茶、放慢速度讓腦子澄明清醒。小心護持著我，讓我一直處在豐富飽滿的撰述狀態下。

　　每天一打開眼睛，腦子裡就浮起這一天準備要進行的書寫內容，條理清楚，並且章節分明，直到臨睡前的模糊意識又會把已然完成的

章節並置對照，自然地導向下一個議題。這樣夾纏在論述裡兩年多，生活變得很單純，書寫中每遇有浮躁時刻，我多半會停下來，神奇的是，總會在一兩天之內發現新的可能、或者是找到更準確的證據。

現在回想起來，這一段長途跋涉的論述旅程，好像有一種超越詮釋可能的「非理性磁場」，一直在真摯運作。心中感恩，一如日昇月起，從來不曾停息。

這篇論述，從非理性建構中叛離長期以來的理性秩序，尋找人文發展裡生機無限的遊戲創意，藉由相接相續的「拆解與建構」，理解不同文學體系的參考、鑑照，進而檢討、整建、論述臺灣兒童文學發展的過去與未來。我真的很希望，專注地，為這塊心愛的島嶼，留下一點點值得凝視的成績。

然而，整體來看，這樣的努力還是不夠的。從遊戲性必然開展出來的「創意與樂趣」，其實還需要更豐富、更細膩的舉證分析，結合具體相關的作家、文本與文學現象進行討論，才能真實而細節分明地嶄露出充滿歡愉的想像與自由，這是本文未完成的課題。

冀望未來，我還能有足夠的時間和勁力，進行「下一個階段」的計畫與努力，得有機會完成創意與樂趣的完整論述。

而這漫長的耙梳過程，對我來說，真的就是充滿想像與自由的遊戲過程，攀向喜悅與感謝的天梯，通往目前我還不知道的，很高很高、很遠很遠的「他方」。

──原刊於黃秋芳：《兒童文學的遊戲性：臺灣兒童文學初旅》（臺北市：萬卷樓圖書公司，2005年1月）。

兒童遊戲，快樂臺灣——
從兒童文學看臺灣的文學遠景

一　兒童文學與民族精神

（一）從「兒童文學」看文學格局

黃秋芳（以下簡稱「黃」）： 各位與我們一起在這午後分享週末文學的朋友們，大家好。今天對我來說是一個非常重要的日子，因為離開學校這麼久，終於又有機會跟自己的指導教授同時坐在這裡，重新再聽老師說話。這麼多年來，他一個人在臺東，像母雞孵著一顆蛋，很辛苦的孵著，這當中幾乎沒有人看見他在做什麼。然後有一天，我們發現一九九七年華文世界有一個兒童文學所誕生了。學校護士、漫畫家……，任何不同背景、不同專業的人參與這個領域，跨進兒童文學，老師就非常開心，他讓這個世界沒有邊欄。我跟大家一樣，都很期待聽老師如何從兒童文學這隻小小的、毛茸茸的初生小動物裡，看見一個無邊拓展的文學格局。

林文寶（以下簡稱「林」）： 謝謝各位，有機會到臺南來真的是非常榮幸。首先談一下我們以前的觀念，我從差不多一九七三年開始教兒童文學，讓我印象深刻的有這麼一個例子：有一天有位學生跟我講，老師，我同學寫信給我，因為我跟他說我在臺東上兒童文學非常快樂。結果他同學跟他說：「反正你還那麼小，讀點兒童文學也不錯。」也

就是說那時候大家認為讀兒童文學是小兒科，不登大雅之堂。哪知道風水輪流轉，最近比較不一樣，兒童文學好像慢慢流行了。

我們對兒童文學應該先有兩點基本的認識：第一點，兒童文學基本上是源於教育兒童的需要，用現在的話來講，供給兒童精神食糧，只是時代觀念的不一樣，供給也會不同。基本上它就是源於兒童的需要，「需要」會因為整個教育觀念、觀點的改變，變成教育方式的不一樣。

第二點，兒童文學成為一門「學科」是中產階級出現以後的事。中產階級出現於西方工業革命以後，之前也有，但那都是不知不覺。比如說：我們常常看到以前小孩子喜歡唱兒歌、聽故事。包括我們看到九歌為司馬中原出了一本書叫《司馬中原談鬼》，我自己背包裡面也帶了一本鬼故事，鬼故事其實是以前小孩子非常喜歡聽的，所以我們說兒童文學基本上屬於俗民、常民，用現在專門的學術術語來說是屬於俗文學、民間文學，就像民間故事、兒歌、歌謠等。比較遺憾的是臺灣研究兒童文學的人幾乎不涉及俗文學這一塊，可見在臺灣來講，兒童文學還是非常年輕的一門學科。

經過這幾年的努力，其實可以發現，兒童文學的格局，慢慢在改變。比如，臺灣文學館編的臺灣文學辭典，是應鳳凰老師跟陳萬益老師主編，裡面就有放兒童文學的辭條，只是大家不去注意而已。從後現代的角度來講，文學已經沒有什麼主流、非主流。如果注意觀察，金庸的小說跟以前大家給他的評價不一樣，也就是說今天我們在看這些東西的時候，大家比較不關心當代一些比較大的敘述或是偉大的議題，反而比較關心身邊生活瑣碎的事情。現今已經無所謂雅俗之分，兒童文學從整個格局來看，不再像它原來被認為的那樣，這是我就兒童文學的格局第一點要談的：越來越摒除雅俗的分界！

第二點是：目前整個藝術媒介的轉變，已經從文字到圖像。在座

各位可能對兒童文學不一定很理解，但是你一定知道圖畫書，而且都很喜歡。一些比較老的、守舊派的人就很不習慣，說這些人越來越沒有思考能力，甚至一直在批判火星文。我有時會很不以為然，假設我們年輕的這一代還跟我們老一輩的一樣，那表示真的不長進。本來時代就不一樣了，火星文只是次文化之一，等到有一天退流行，他們就不會再沉迷。

　　整個文學藝術媒介由文字轉為圖像，所以現在的書都賞心悅目。像安伯托・艾可（Umberto Eco）出了一本《美的歷史》，裡面圖片非常漂亮。以前那種書絕對附很少的圖片，可是現在書的圖片都非常多。我們不能說這是好或不好，有時候只是世代的一個趨勢。所以有人宣稱二十一世紀的兒童文學是解放兒童的文學，相反的是教育成人的文學，因為成人越來越沒有辦法看太厚重的書，比較喜歡看輕薄點的。基本上，我自己在看兒童文學的時候，字比較大，分量也不會那麼重，看起來還是很好看。當年《哈利波特》引進臺灣的時候，一些成人們都很訝異：「孩子會看嗎？」結果發現只有孩子看，大人都不看。我問過我很多同儕，他們都不會去看《哈利波特》，並表示說他們已經是大人了，怎麼會去看那種書？其實奉勸各位，假設你還想像一個人，或是比較有「童心」的話，有時候真的要看一些童書。童書其實未來是寫給大人看的，因為大人越來越沒有時間，童書如果寫得很好，大人也會看。所以文學界流行一句話：「一個作家，一輩子之中至少要為兒童寫一本書」，因為我們常講成人好像已經沒什麼藥可救，可以救的是比較年輕的一代，小孩子還是比較重要的。

　　從兒童文學的角度，也有人講過這麼一些話：「一個國家兒童讀物出版品的多跟少、品質好不好，可以看出一個國家文化素養跟國民教育的指標。」臺灣的兒童文學基本上一直都是屬於政府限制比較少的地帶，它自由的空間反而大，兒童文學在臺灣已經發酵，所以我認為格局是由我們自己創造出來的。

（二）世界兒童文學萬花筒

黃：老師丟出一個議題，到底兒童文學的格局會走到哪裡？這同時也丟給我們在座的每個人。談到兒童文學難免就會想起來，那是遙遙遠遠從母體我們聽到的聲音、聽到的故事，所有的兒童文學都從一個好故事開始。迷人的故事、好聽的故事，一點一滴醞釀著我們。然後，我們就去猜測整個文學的源頭、文化的源頭到底在哪裡？我們對希臘文明的想像，會以為文明從希臘開始？或是，帶著更模糊的東方神祕的想法，文學、文化是從尼羅河開始的？其實都不是。

文學的源頭、文化的源頭最早從西亞開始。西亞有最早的法典、最早的天文算數、最早的六十進位、十二雙時、天文黃道十二宮，所有文明所必須的基礎，數學、天文、文化，都從哪裡醞釀。西亞神話裡包含了人類文化的母體，天地的創造、人類起源、農牧之爭、洪水、戰爭、屠龍、除妖、地獄之行，這所有的人文敘事，慢慢侵入每一個民族的末梢，然後深刻的影響「阿拉伯文學」。這些阿拉伯文學隨著發展，慢慢地經過伊斯蘭的神祕主義，發展出非常深厚滄桑、人性共鳴的部分。

西亞文化影響的不只是阿拉伯文學，同一區塊還有一個跟阿拉伯文學完全不相涉的「希伯來文化」。同樣的這些人，被驅逐逃亡到埃及，又受法老王壓迫而逃回來，當中經過大衛王的開拓，所羅門王的生養休息，以為生命正要安定的時候又分裂、流亡了。所以在希伯來文學裡頭充滿了追求、抗爭、挫敗、掙扎、信仰……理想的追尋與痛苦的滄桑，後來凝粹成《舊約》，成為整個西方文學的源頭。這些神話故事，這些追逐、流浪、滄桑的感覺，它跟兒童文學的源頭是一樣的。

然後我們轉向東方，看看印度。他們跟大自然、跟人、跟動物，

幾乎毫無距離地生活在一起，時間跟空間都被打破了。他們在教育皇族小孩的時候，使用的教材是《五卷書》。《五卷書》包含了所有的可能，大自然的、天地的、哲學的……，幾乎所有故事都在裡面。這些故事精深博大可以感動所有不同個性的人。以至於當時因為經濟交流、貿易往來的行旅，都被哪些故事感動、衝擊。隨著旅人，它們慢慢流散到各地。我們在法國的寓言裡看得到，在格林童話裡看得到，在《一千零一夜》裡看得到……這些故事侵入每一個民族，而它的源頭，我們慢慢去追溯，就會回到印度故事的母體，那是故事的原鄉。

　　西亞文化也好、印度文化也好，從來沒有任何文化告訴我們，他們在推動兒童文學。然而，回到最原始的兒童文學的形態「說故事」──我們都喜歡聽故事。這些故事，一點一滴影響了不同的人。然後，我們就從一個又一個故事、一種又一種不同模式的兒童文學，看見文明核心。

　　以歐洲來看，歐洲最早發展出來的高度文明是法國。法國在十七、十八世紀交接的時候，就展開了今古文學之爭，進入一個絕對講求秩序的啟蒙年代。在那樣充滿可能的啟蒙年代裡，純粹的文學，發展到一定程度以後，必須不斷尋找《鵝媽媽故事》、民間傳說，用這樣的民間傳統去產生新的生命活力，把這些嶄新的生命活力注入現有的文學模式，發展出新的力量，又經過他們的理性思維、理性運動，不斷添加，於是整個法國就發展出一種講究精確精神的兒童文學。凡爾納（Jules Verne）在科技文明前創造出來的科幻小說，已非常講究可行性，凡爾納科幻小說最大的特色，就是每一項發明都在可預見的未來具體成形；法布爾（Jean-Henri Farbe）的《昆蟲記》，那麼精確、那麼精緻；我們也看到全世界第一套兒童百科全書，這些兒童文學的發展，慢慢成為法國民族精神裡的特質。

　　從法國文化核心，慢慢擴及英國。英國多民族的出出入入，使得

故事破碎但豐富。遙遠的傳說、精靈、魔鬼的民間俗信……，都成為他們生命裡的一部分。隨著工業革命帶來極致文明的可能，英國的兒童文學傳達出兩個非常不同的精神：一個是原始的自然生命力，一個是極端講究的文明能力。這兩種能量撞擊出來，便產生全世界第一本「純粹為了兒童快樂」產生的書。

　　一七四四年，紐伯瑞（John Newbery）為兒童印的第一本書，標舉出純粹為了愉快，我們把它叫作「兒童文學的起點」。從這個起點開始，進入十九世紀的黃金世紀。我們看到所有英國最好的主流文學作家們，一方面在主流文學裡開創出新的兒童文學文類；一方面竭盡所能地切割出新的可能出來。這個「新的可能」形成非常多驚人的嘗試，一直到卡羅爾（Lewis Carroll）創造了「愛麗絲」，把他的哲學思維放進一個荒謬的場景裡，穿透成人的哲學思考。即使進入二十世紀，英國文學好像慢慢式微，但仍然有眩目的餘暉：無論是《納尼亞傳奇》，那種日常幻術、存在於日常生活裡的奇幻世界，或《魔戒》、《哈利波特》等誕生在充滿荒謬、自由的國度裡的故事，皆反映出這個國家非常典型的民族精神。

　　在這麼一個經典的兒童文學國度裡，我們以為這就是唯一嗎？絕對不是，只要願意誠懇的停下腳步、放慢速率去凝視兒童文學，我們會看見每個民族不同的特性。

　　往北追溯到北歐，他們的神話故事、兒童故事，永遠充滿英雄抗爭的精神，明明知道命運往毀亡的過程發展，然而誰都不退縮，每個人都瘋狂地往前走去，那種絕對無所恐懼的精神，成為整個北歐文學非常重要的基礎。所以，他們有全世界第一份專門為兒童創辦的報紙、純粹為兒童設計的雜誌；當《愛麗絲夢遊奇境》翻譯到瑞典的時候，他們又在英雄抗爭之下，加入荒謬跟奇幻的遊戲精神在裡面。這種荒謬、奇幻的「遊戲性」，改變了英雄抗爭原來的悲劇色彩，加入

了鮮活而飽滿的遊戲能量。瑞典中小學地理教育學會找了文學家拉格洛芙（Selma Lagerof），希望她為大家編一份可以讓全瑞典人閱讀的好故事，她寫成《騎鵝旅行記》，不但獲得諾貝爾文學獎的肯定，也成為第一個兒童文學作品獲得諾貝爾文學獎肯定的里程碑，改變了非常多人。

記得二○○二年，還在臺東兒童文學研究所讀書時，突然聽到林格倫（Astrid Lindgren）過世的消息，走到哪裡，大家都在問，妳會不會很傷心？居然有一個兒童文學作家的死亡，讓每一個人都很傷心。因為她創造了《長襪子皮皮》，皮皮的強盜家族，為她留下很多的金幣，她跟一匹馬共同生活，不需要大人，永遠保護著每一個被欺負的小孩。她代表每一個小孩站起來說話。這樣的精神不斷由瑞典慢慢地影響了整個北歐。我們看到安徒生的精神，我們在這些兒童作品本身，看到非常昂揚的民族精神。

反觀人文歷史發展較慢的德國，當每個國家都在大一統、文明高度發展時，德國還是分散、混亂的諸侯國，這些混亂的諸侯國，一直到一八七一年才統一。它靠什麼統一呢？靠《格林童話》、靠詩人的民歌、靠所有人文的努力把德國破碎分散在各個角落的文化碎片，串成統一的民族精神，以至於德國文學有一個非常強烈的力量，凝聚共識，都在為人們創造一個非常精緻的共同理想、願望、價值。

這個民族統一的時間太晚了，整個國際版圖都在做利益分配，所有的殖民國度都被切割，為了經濟利益分配，他們發動兩次戰爭，在這兩次戰爭中，人民受到非常大的撞擊。這個撞擊重新改變了這個國度的每一位創作者，他們的兒童文學有一些層次上的變化：第一個層次，他們的兒童故事聚焦在民間故事的收集。民族精神，一點一滴滲透；第二個層次，他們的故事開始充滿了對社會的檢查跟反省；到第三個層次，已經從兒童文學慢慢滲透到主流文學，你會發現他們非常

喜歡用青少年作主題，包括得過諾貝爾獎的赫塞（Hermann Hesse），他的作品《鄉愁》、《流浪者之歌》……等等，都充滿著幾個共同點。第一，對人性雙重性的追尋跟確定；第二，他們慎重地思考，如果我們仍然是正在追尋青春的青少年，我們怎麼活下去？這個部分，成為德國文學非常重要的民族精神，而這些民族精神，精確地透過兒童文學的力量，讓大家感受到。

想想看，我們每一個大人，都曾經聽這些故事、都在同樣的文化模式長大，我們民族精神的基底，最原始的最初，就是來自於我們所看到的、聽到的這些屬於兒童的財產。

接下來，我們要來談現在大部分人都注意到的美國文化。我們的文化有很大部分受到美國文化的影響。雖然我們笑它的歷史好短，不過兩百年，我們仍然看見了這個民族熔爐，創造了一個非常精緻兒童文學的可能。最有名的代表作當然是《李伯大夢》。《李伯大夢》改編自德國童話，讓我們看見一個人，醉醺醺的，他要進去森林以前，在街上看見當時英國國王的照片，進去森林後跟古荷蘭人打了一場球，睡了一覺出來，那個英國國王的照片已經變成美國總統的照片。在這個簡單的兒童故事裡，我們看見整個美國的開發，經歷荷蘭人、英國人、美國人的歷程。看見一種非常迅速、熱情、隨遇而安的精神，而這個精神無所不在地滲透到他們的兒童文學去。

美國以它得天獨厚的力量，發展出非常精彩、各種各樣的類型文學，尤其不可思議的是，《一百萬隻貓》宣告了圖畫書年代降臨。這個圖畫書的年代，開啟了燦爛的凱迪克獎，帶領著大部分國家在發展圖畫書初期，建構出圖畫書的視野。在大戰最辛苦的時候，我們看見他們的圖畫書陳述的是新年的願望；大戰結束時，他們圖畫書得獎作品是幸福的祈禱詞。他們的作品，把整個世界放在裡頭，我們怎麼可能忽略掉兒童文學的力量呢？

　　談到華人兒童文學，首先就會想，整個中國人的價值。我們身體裡藏著的，每一個中國孩子的模型。從很小我們就被灌輸觀念：要重視田園、人情味，這是中國人的集體價值。我們從這個集體價值裡被輸入很多故事，二十四孝也好，堯天舜日也好，看到小魚就要力爭上游也好，我們相信這一切才是生命中「對的」部分，所有的故事都有「溫柔詩教」。

　　這些教育主軸，用什麼做基底的呢？用「興旺家族」做唯一的精神支持。華人很少有人會在意我們自己要怎麼活下去，反而都很在意，我們要怎麼為這個家族活下去。以至於整個中國兒童文學的力量，集中在──第一，要推翻藏在他們身體裡的封建精神；第二，要抵抗來自世界各國的殖民利益。他們從內要推翻、從外要抵抗，這所有的力量，就攪出了中國兒童文學的豐富性。

　　而臺灣又跟中國不一樣。首先，我們的地理條件要生存下去，本來就比較不容易，以至於我們會習慣多元混血。在不斷混血當中，找出很多縫隙，裝了很多東西進來，因為我們認真地要活下去。於是我們的兒童文學藏著很多民間的禮俗，這些禮俗所有的一切，只是想要呵護一個孩子，當大人沒有足夠力氣照顧你的時候，你要認真地學著如何活下去。於是早期中國兒童文學中智力優先、興旺家族的部分慢慢消滅，反而強調如何活下去，給予每個兒童身體心靈更大的活力。在這樣的活力底下，我們就強烈發展出整個臺灣文學跟土地凝結的精神。林文寶老師提到：「兒童文學的格局將來會變成什麼樣子，是看我們將來每個人讓它走到什麼地方」的時候，我忍不住想要跟大家一起回顧整個國際兒童文學的版圖。接下來，我也想聽聽林文寶老師的意見。

（三）臺灣兒童文學的思想方向

林：基本上不只兒童文學，幾乎整個臺灣學術都淪為殖民的文化，這是臺灣的悲哀，這個悲哀是我們在了解歷史時忽略的一個大前提。在談兒童文學的時候，我願意從鴉片戰爭談起。鴉片戰爭之前中國停留在傳統的農業社會，也就是說第一波的社會；鴉片戰爭之後中國才開始邁入第二波的社會。我剛才談到西方兒童文學的出現是源於中產階級的興起。中產階級的興起是源於對「人」的發現。人的發現是文藝復興以後才出現的，一直要到中產階級出現以後，才發現「兒童」，那是很漫長的歷史。研究中國或臺灣的兒童文學，我們不能忽略掉大歷史的事實。

我先舉幾個例子，義大利的卡爾維諾用兩三年的時間去改他們義大利的民間故事（臺灣是由時報出版的《義大利童話》）。那是一個世界級的作家為他們的民間故事改寫，讓它變不朽，保留了義大利的集體共同記憶。今天在談文化的時候，已經不是用熔爐來涵蓋，而是沙拉的概念。臺灣的兒童文學就要像臺灣兒童文學，而不是像美國或別國。所以在看臺灣的兒童文學時不要拿去跟外國比，時代、背景各方面就是不一樣的。以西方的判準來看臺灣就喪失掉我們自己的主體性和自主性，這是整個學術嚴重的缺失。

現在，大家也都發現各個文化就是不一樣。最近一個很明顯的例子，幾米的繪本在美國出版。起初，美國人很訝異，繪本不就二、三十頁嗎？怎麼會兩百多頁呢？他們心中的繪本都是三十幾頁固定的樣子，可是幾米的書卻有兩百多頁。後來美國的廠商還是出版，因為他們認為幾米的書可以賣。所以觀念是可以打破的，我們的信心常常要藉助外人的肯定來建立。

前一陣子，我一個朋友跟我說，美國的一位圖畫作家到誠品去看

的時候，非常驚訝。他說誠品的書就像聯合國一樣，世界各國的書都可以看到。美國不像我們那麼開放，我們開放到最後是完全迷失了自己，這是我們比較嚴重的問題。所以臺灣的兒童文學要走出自己的格局，就是必須重建自己的主體性、自主性。我在這一期的《繪本棒棒堂》就寫了一篇臺灣圖畫書的歷史跟記憶，我們一直認為臺灣都沒有圖畫書，品質都不行。一旦你去回溯《小學生畫報》的時代，才會發現我們其實是忘了自己的歷史。

今天我們只要談到兒童文學、圖畫書，就認為我們什麼都沒有。這是一個時代的悲劇，大家不願意去了解。所以我還是要重複一句話：要重視我們的歷史、我們的記憶。目前兒童文學已經奔向多元，假如各位注意一下的話，其實我幫幼獅已經編了兩套臺灣兒童文學的選集。從一九四五編到一九九八年，已經有十三本書，可是大家好像也不見得會去注意這些。而後我幫天衛又編了「二十一世紀以來兒童文學年度選」，一口氣出了四本的年度選。我最主要的目的就是要重現臺灣自己的東西，呈現在各位眼前。我們跟別人接軌之前，自己一定要有立足點。但是臺灣整個教育常常缺乏這種立足點思考。我常常講，我們所謂的文化傳承到底在哪裡？我們可能教育出來的都是一些沒有文化的人，而且可能一開始就標榜著「世界公民」，到時候問題就會比較嚴重。

二 從「教育」走向「文學」

（一）從「教育界」萌芽的臺灣兒童文學創作與研究

黃：今天我先以一種全球化的觀點，把鏡頭拉到很遠很遠，做遠距離的觀察，去看每個民族特殊的民族精神，接著還是要把鏡頭拉回來思考。我們請林文寶老師繼續來談一下，關於臺灣兒童文學怎麼樣

從教育擺盪到文學的歷程，當然，最早還是從兒童文學的起源談起。

林：不管多麼貧窮的人，都需要教育他的孩子，只不過有錢的人跟沒錢人教育孩子不一樣。所以早期的阿公、阿嬤就是帶孩子講一些兒歌或講故事。就整個中國來講，我們都曾經聽過《三字經》、《千字文》、《唐詩三百首》，這些所謂的「蒙書」做為以前小孩子讀的書。在從前，一個人要認識字，可能要花兩年到三年，認識差不多兩千個字。現在的臺灣，我們用十週去學注音符號，注音符號的出現改變了整個華文的學習，早期是要硬背出來的，現在小孩子就不一樣。我剛也提到，兒童文學有時是屬於俗文學的一環，所以談論臺灣兒童文學的緣起，第一個就是「口傳文學」。大家可能都已經注意到格林童話、安徒生童話，卻很少知道臺灣也有很多民間傳說故事，如林投姐的故事等等。雖然我們講求鄉土教材，但那只是上面在亂叫，下面可能不當一回事。其實臺灣花了很多錢採集各鄉鎮的民間故事，可是到底有沒有人讀呢？我就懷疑。我每次去問，大家都不知道有這個東西，我就收集了很多各文化中心所採錄的民間故事。大家都記住國外的東西，對自己的東西反而不理解。口傳文學是兒童文學的緣起，歷代蒙書也是，哪些蒙書今天重新拿來教小孩子也是很好玩的。第三是古代的典籍，比如說〈邯鄲學步〉，是《莊子》裡頭的故事，這以前都是講給小孩子聽的。假設你注意一些古書，其中被收錄的兒童文學作品其實是相當多的。最近市面上也出了滿多這些從歷代典籍出來的故事，我目前指導一個學生寫《莊子》的寓言，就是想看看裡面隱藏了多少兒童文學的元素。

另外臺灣被日本統治過，所以臺灣的兒童文學受日本影響非常大。在座各位年齡夠大的話，可能讀過東方出版社的《亞森羅蘋》，還有《福爾摩斯》，那是從日本改寫再翻譯過來的，你看臺灣文化的

傳承、轉譯要經過多少年。我們早期是二手翻譯，大部分是日本翻譯。日本影響非常大、歐美影響非常大，還有中國影響也非常大。也就是說在臺灣此時此地的兒童文學，曾經受過這幾個方面的影響。當然，其中影響最大的可能還是中國。

比較特殊的一點是，鴉片戰爭之後，中國正式走上現代化。五四時代正式把兒童文學引進來，基本上是因為要「教育大眾」。也就是說先認識了俗文學，所以才把兒童文學引進來。像臺灣早期的《國語日報》是大眾日報，是為了要學國語才有《國語日報》。一直到七〇年代才轉換為「兒童日報」。所以兒童文學引進到中國來，是跟著民間文學跑進來的，這在我編的《文化理序論》（幼獅）中，有比較詳細的說明。五四時代兒童文學，大陸上是以魯迅、周作人為代表，他們強調的是「兒童本位」，但是後來所謂兒童本位的思想帶到臺灣來，所以臺灣所承續的兒童文學的論述其實是五四的精神。中國一直到兩千年左右，才重新發現五四的精神；文革是以政治掛帥，等到文革以後，大家都不敢談教育，所以談文學。把文學拉得很高，到現在才開始務實去談教育。臺灣到這時候兒童文學已經不談教育，轉到另一個觀點去了。

兒童文學，假設說它不是教育的話，那它絕對不是兒童文學。只是教育的方式有很多種，不一定要直截了當的去講。我最近剛寫一篇論文，談五、六〇年代的國小作家教師團隊，也就是說五、六〇年代的作家都是國小教師。國小教師這個團隊真正成形是因為板橋教師研習會辦了十幾個梯次的寫作班，促使其成形。所以臺灣早期這方面的影響非常大。你今天在看這個作品時，不要一直批判它們的教育性比較強。不錯，那時作品當然教育性強，但我們有時看作品是要放在它當時的場域去看，而不是以今天的角度。假如當時跟現在一樣，那表示今天根本沒進步，那是時代觀點的改變。

其實成人文學裡也有教育，只是現今我們把教育當成一個主題，現今的主題不像以前那麼嚴肅，如果讓我們看了哈哈大笑那也是一種主題。所以像英國的兒童文學作品裡，就有很多無厘頭的。要知道小孩子最喜歡的就是無厘頭，可是我們整個教育就是希望他變成有厘頭，所以這是非常悲哀的。有時候我們都要到老的時候才知道我們曾經犯了這麼多的錯，不只做錯，我們一輩子都可能做很多的錯事，只是不自覺而已。所以我還是強調兒童文學基本上它是文學，走上文學是必然的，假設它不夠文學就不叫兒童文學。但是它的本質絕對是具有教育性，假如它沒有教育性，它也就不是兒童文學，所以這講起來非常弔詭。只是時代觀念的改變，我們對「教育」兩個字的解釋又會不一樣。

（二）兒童文學的歷史意義與文學意義

黃：我們從教育朝向文學擺盪的過程裡，閱讀也好、創作也好，我們會發現一個很重要的觀念，就是我們要去區別兒童文學裡的「歷史意義」和「文學意義」。就像我們都很喜歡凱迪克獎的作品，二次大戰時，他們出現關注少數民族的圖畫書，因為他們突然覺得世界上有這麼多人在痛楚的邊緣，我們何德何能可以這樣理所當然地去擁抱幸福。人在最高點時，渴望多去碰觸弱勢的痛楚。我們在看這些作品時，覺得看到世界上最誠實的歷史，它不是任何史學的包裝可以泯滅、造假的，只有在文學的世界裡，才有機會看到世界上最誠實的歷史。

我們看見松居直，認真去澆灌整個日本圖畫書的發展，然後寫了《幸福的種子》，他的生命經驗，複製到臺灣，非常多人看到那本書被深深感動，然後臺灣開始有了信誼，有了各式各樣的圖畫書比賽，開始有了前仆後繼的創作者，不斷付出努力。有一些早期長年從事圖

畫書創作者，在這個園地非常努力的耕耘，甚至有一些比賽找他們去評審，他們還勇敢地說：「我不要評審，當我站在評審臺的那一天起，恐怕我的創作就停止了。」

很多人認為中國第一部童話是葉聖陶的《稻草人》，當我踏入兒童文學界，每個人都在講《稻草人》，我很認真地找來看，覺得很吃驚，這是童話嗎？它多麼像一個共產主義的革命宣言！然而在那個時代，這作品多麼真摯，因為在那個動盪的時代，每一個年輕的孩子都被社會主義的理想所感動，每個孩子身體裡都藏著一個「理想我」，想要讓世界更好，更加的努力。這個《稻草人》所呈現出來的童話世界，就是身家可以摧毀、生命可以沒有，還是要具有為所有最痛苦、最貧窮者服務的理想精神。

同樣地，談到臺灣少年小說的起點《阿輝的心》，它的歷史意義也不斷被討論。阿輝真的是世界上最可愛的乖寶寶，他聽話、懂事、堅強，認真地活下來，可以說那年代每個孩子都是那樣長大的。每個孩子都在父母照顧不到的範圍裡，自己非常認真的長大，《阿輝的心》是一部非常「文學化」的照相機，把那個時代照下來了，一個時代的軌跡，隨著時代慢慢變，開始有不一樣的歷史意義和時空顯彰。

我們在臺灣文學童話獎裡面，也可以發現一個非常有趣的對照。文建會舉辦的「臺灣文學獎」第一名的作品〈梅花鹿巴躍〉中，這隻梅花鹿非常勇敢。當牠被獵人欺負到退無可退的時候，作了一個決定，所有這個族群的老人都要成全所有的小孩，因為跳過懸崖的對岸，有一個新天地，所以這整個梅花鹿族群分成兩半，老的梅花鹿先跳，他當然跳不遠，跳到一半，就成為半空中的島嶼，讓小的梅花鹿跳過去，踩著老的梅花鹿往對岸的地面跳，這整個族群在那個分界點就只剩下一半，呈現出讓人非常撞擊的臺灣悲歌。有多少人就是曾經踩著前人的血跟淚，到一個新的島嶼重新開始。同一個年度，另外一

個文學獎是新竹縣文化局的「吳濁流文藝獎」兒童文學獎，第一名作品叫作〈變貓記〉。故事描述有個小孩整天浪費水，媽媽告訴他不要浪費水，如果一直浪費水，老天爺就會處罰他變成一隻貓。有一天，穿著黃色衣服的媽媽，正要送他上車時，突然想起忘記一個東西，就往樓上走，小孩在樓下等了好久，想著怎麼搞的，媽媽還不下來？隔了很久，眼看快要遲到了，他看到從樓上慢慢地走下一隻貓來，這小孩看到好害怕，因為那隻貓居然是黃色的，跟他媽媽早上穿的衣服一樣顏色，他開始痛哭起來。「是我浪費水，為什麼要處罰我媽媽？」於是他就抱著那隻貓去上學，把貓藏在抽屜裡面，結果被老師罵了一頓。他也沒心上課了，去找一個朋友。他朋友說有一個老婆婆那邊有很多神奇的藥，於是他跟朋友又帶著那隻貓去。經歷很多折磨，努力要把貓變回他的媽媽，當然這一連串努力都無效，他很傷心地回到家時，對著空空洞洞的房子，想著自己該怎麼辦？媽媽不在家，他走來走去，走到頂樓嚇一大跳。他媽媽躺在哪裡很沒力氣地說：「你這個死孩子，平常叫你上學你就拖拖拉拉，今天無論我怎麼叫，你都不上來。」原來，他媽媽上頂樓時摔斷了腿，沒辦法動，頂樓的門沒關，所以就有一隻貓跑了下去。

兩篇首獎，出現在同一年，都讓我在評審時，留下非常深刻的印象。〈變貓記〉為什麼讓我留下深刻印象呢？我始終覺得，這就是兒童文學的光亮，有一些可能、有一些好奇，有一些想要轉變的心情，正在創作者的身體裡頭動盪。

所有的研究會有成果，就是因為有這些突破性的創作成績走在前面。我們必須奠基於眾多的作品，才可能把我們的研究再往前推。我們看見兒童文學有非常華麗的韻律，它有寬容、充滿提攜精神的前輩；同時也有無厘頭、頑皮、戲謔的充滿閱讀情趣的新生代出現。這樣一個交相撞擊的時代，使兒童文學在「歷史意義」和「文學意義」

間游動，界線慢慢拉近，創造了兒童文學的多元演出。接下來，我們請老師談一下兒童文學的多元展現。

（三）兒童文學的多元分化

林：我想文學的多元不只是兒童文學，在多元的社會裡，多元其實是民主和自由的真相。我常講，兒童文學為什麼要寫給成人看，因為最需要教育的就是成人。成人不願意看真正的書，看兒童書你就會知道什麼叫樂趣，所以多元是一個必然的結果。像剛才秋芳提的哪些故事，評審也能接納，在以前一定認為不可思議。但是我們期望多元不是支離破碎，我們要認同他們的存在，多元共生才能變成眾聲喧嘩，各唱個別的調。多元分化是一個事實，但是對作者來講，你可以執著自己專長的部分，你不一定要趕時髦。當《哈利波特》開始流行的時候，你可以發現當時臺灣多少人在寫像那種東西，但你怎麼寫也贏不了J.K. 羅琳。像我現在看一本鬼故事，寫得非常精彩，連我都很喜歡，鬼故事並不一定要非常驚悚，有時是另一種的樂趣，這是一個美學觀點的改變。

當然，我們相信當下的多元不見得就是最好的，但它是一個事實，不容許我們否認。在後現代來看文學作品，已經不是用好壞去理解的，應該是看你讀完以後，對你有什麼想法比較重要。

（四）兒童文學的深度與廣度

黃：多元土壤準備好了，我們的兒童文學，開始拓展出深度、廣度，重要的是，作為領路的人，必須更多一點耐性。臺灣現在的兒童文學，很多人都說跟中國的出版比起來，好像危機重重。我總覺得我們還是有機會的，首先在哪些舊的前輩，林良、馬景賢、桂文亞……甚至已經過世的潘人木，這些本土主流寫手，都留了很多機會給新生

代。更多的繼起的新生代寫手，包括陳瑞璧的「臺灣書寫」、張友漁的「流動過程」，九把刀跨足到青少年領域所寫的熱血……這些多元、歧異而迷人的特質，都在創造新的文學可能。

很多簡體書發行了正體版以後，我們深深被張之路、曹文軒所切割出來的文革創痛所感動。一個是用歡愉的態度，一個用擦不乾的眼淚和淡淡的甜美，讓我們發現原來我們可以用各種的角度來看生命的創痛。然後我們看見沈石溪那個動怒的、寫實的人心，以及葛冰創造新的少年武俠文類……，這所有的一切，都將變成臺灣兒童文學的營養。

我常說，我們每個人都處在非常光明燦爛的機會裡頭，臺灣兒童文學，現在正處於一個分界點，就是主流文學的營養已經慢慢納進來了，我們早期看見不斷被討論的黃春明、鄭清文，還有現在剛整理出版的司馬中原，他們一開始就不是為了兒童，或為了誰而書寫，他們是為了自己。我們每個人身體裡都有想寫的欲望，沒有什麼絕對的兒童文學。這世界上唯一的文學標準就是：好的文學。我們每個人要在心裡擱著：絕對的文學，就是好的文學。

三　「兒童」與「遊戲」的重新發現

（一）兒童文學的特性：教育性、文學性、兒童性、遊戲性

黃：接下來，我們就要討論到更深層的議題，探討「兒童遊戲，快樂臺灣」。如果我們確定兒童文學要有一種遊戲的活力、快樂的能量在裡面，我們要怎麼看待它？在看待這件事情之前，我們當然要重新去界定兒童文學的特性。兒童文學到底有什麼特性？為什麼遊戲跟快樂在裡頭有那麼大的意義？請林文寶老師說明，他是第一個清楚界

定臺灣兒童文學特性的學者。

林：一般我們在談兒童文學的時候，首先會想到兒童文學跟成人文學有什麼地方不一樣？所以，我最早研究兒童文學時，就花了很長的時間，差不多在一九七三年寫成一篇論文叫〈兒童文學的製作理論〉在學校的學報發表，提出「遊戲的情趣」這個概念。當時我在界定遊戲的時候，是從體育的概念去找。因為文學那時候談遊戲的概念是相當簡單，反而我在體育學的一些理論上找了出來。一般都是用趣味性去談它，但我認為趣味性其實不夠，中國傳統觀念告訴我們，人生需要有三分的遊戲態度，也就是說有時我們對事情不要太正經八百。有時你會發現人活得太辛苦，對自己綁手綁腳，什麼都放不開，你以為怎麼穿人家都會注意，其實都沒有人注意，頂多只有兩分鐘而已。你真的去裸奔，可能報紙報一天也就沒有了，我們一直是自主性、主體性不夠，常常被別人控制。

我剛研究兒童文學時，一直在思索兒童文學的基本論點在哪裡。一直到一九九三年，當時的空中大學要開一門課叫「兒童文學」，請我來主編這本書，我自己寫一章，另外找四個朋友來寫。我那時提出兒童文學特殊的屬性，就談到教育性、文學性、兒童性跟遊戲性。這是我在兒童文學裡面比較早提出來的說法，見證現在的一些理論，也接近主流。包括我等下要講的美學也是跟這個一脈相傳。這部分，秋芳寫了很厚的一本論文，書名是《兒童文學的遊戲性》，是萬卷樓出的一本書。

(二)「遊戲」革命

黃：兒童文學的特性在這二十年間大概不會變動，但是它一定會變動。中國兒童文學的萌芽，從「教育性」發展起，然後慢慢地受到

「文學性」滲透。接著，「兒童」有一些特殊的要求，隨後「遊戲性」出現。當遊戲性出現時，宣告一個新的世代降臨。我們現在看到那麼多網絡互動，日後也會有新的特質侵入。文學會不斷的發展、不斷的改變。早期人們怎麼會想到有一種東西叫作「女性文學」，它絕對是在女權興起以後；更早期人們怎麼會想到「網絡文學」，它的條件必須電腦興起。

隨著時代差異不斷更新，就有一些新的特性，使文學成分更準確、更豐富。在這個過程裡，我為什麼會特別著迷於兒童文學的遊戲性？有很多人會很好奇，覺得兒童文學遊戲性就是寫得很好笑，「好笑」就是它的趣味性，但是，絕對不是！兒童文學的遊戲性，不是建立在趣味上，它是一種完全脫走日常，一種生命的狂歡，去經驗一個完全不一樣的過程，那就是遊戲。比如說，希爾頓集團的千金小姐，第一次演戲，人家問她演戲是什麼感覺？她說：「實在太好玩了。因為我演一個女侍，每天只要「Camara」一喊，我就得從我住的公寓走出來，然後走路去上班。我第一次知道，原來世界上有那麼多人在路上走路。」

那是生命中非常極端的遊戲，而這個遊戲，建立在她其實是在工作，因為這個工作完全從她日常生活拔離，那個脫走日常的過程，創造出一種新的自由。所謂兒童文學的遊戲性，必須建立在是不是創造出一種新的自由，這種新的自由，產生了一種新的力量。我在作遊戲性的探討時，不斷找老師的麻煩，我問老師，你得告訴我，到底什麼是兒童文學的遊戲性？他只說了一個字──「Power」。他是禪學大師，給我的指導常常只是一句話，然後就沒有了。每為了他說的一、兩個字，我得認真去找出遊戲的力量到底在哪裡？直到觸及一個很重要的來源：「拆解」跟「建構」。

為什麼童話一定要有動物？為什麼一定會有王子、公主？不是

的，所有的既定模式都需要拆，拆完之後，接著要建立出什麼來呢？更重要的就是「創意」跟「樂趣」，我們所建立的，如果沒有創意，如果不能讓人看完，就算是流眼淚，仍然有一種甜美從心裡流露出來，那麼它就不值得建構出來。我把遊戲的力量完全建立在這種「拆解」跟「建構」的過程，脫走日常，然後透過「創意」跟「樂趣」，把一個新的可能找出來。

究竟，這個新的可能會在哪裡？接下來，我們就要正式進入到底兒童文學新的可能性在哪裡？老師也會跟大家談一下兒童文學新的美學概念。

（三）臺灣兒童文學欣賞與創作的特殊性

林：我想大家都知道，專家就是用一些自己也不太懂的辭彙唬你的人。有時專家專門把你懂的東西說成讓你聽不懂，為了表示我好像也是專家，所以我在這邊引用幾個理論提供參考。

第一個引用的是劉勰。臺灣兒童文學基本上批評還是非常薄弱，為什麼薄弱？就是劉勰所提到的概念：我常跟我的研究生講，我們是做研究，做研究不能先入為主，我只喜歡誰，研究就是要讀你不喜歡讀的東西。夏志清之所以被大家認為厲害，就是當年不被看好的張愛玲，被他獨排眾議認為是偉大的作家。甚至有人告訴你不要寫當代，當代會被寫死；其實寫當代去發現未來的可能，這樣才是遠見；死掉的根本就不值得你去寫。當然這是見仁見智。

為什麼我會談到遊戲，其實這是一個美學觀點的改變，我這裡列了簡單的美：從美學來講，一個是「美的基準」，一個是「非美的基準」，這是姚一葦《美的範疇論》裡提到的。我們以前談美學的時候，正常談的是秀美、崇高、悲壯，頂多談這三個，所以就把美學觀念帶到兒童文學來，以為兒童文學裡只有這三種。其實成人裡面滑稽怪誕

也都有，像是抽象畫等等。我最近這些年來的研究認為兒童文學的美，其實比較接近滑稽的美學，基本上它是屬於醜的美學，美學不是只有講美，還有講比較不好看的，或是看起來不讓你討厭的。所以你會發現孩子喜歡的書常常跟你不一樣，我們大人選出來的書拿去給小孩子看其實不太受青睞，這其實是因為我們一直忽略孩子美學的差異。

我從滑稽美學觀察，主張在兒童文學裡面有一個很重要的特性，就是它的遊戲性。我們以前因為常常對孩子過度的主控，誤以為小孩子跟大人一樣，從兒童心理學或兒童發展結果，慢慢的可以發現兒童文學的美學絕對屬於滑稽的部分。

兒童文學的未來，我簡單標舉出三個方向。第一個是帕特里克‧狄克松（Patrick Dixon）《洞悉先機：全球化的六個方面》（Future-wise）的說法，將未來比做一個立方體，六個面向分別是「快速發展」、「城市」、「部落化」、「全球化」、「激進」和「倫理道德」，世界之所以多元，就是因為它非常不一樣，你要選擇最合適的切入角度，不要以為保守不好，搞不好因為保守才顯得獨特，說不定很多人就是因為我穿著跟別人不一樣，所以才會記住我，還不一定會記得我在兒童文學曾經的努力，所以有時很難講。

第二個，我用哈里斯的窗子來為各位解釋，他告訴你說人生有一個開放的我、忙碌的我、隱藏的我，從各個角度來講，有的是自己知道，有的是自己不知道，有的是他人知道，有的是他人不知道，最重要的是你如何凝聚自己知道與不知道的，這是你要努力的。

第三個方向給各位的是前一兩個月非常流行的《世界是平的》這本書，它說世界是一個全新平坦的競技場，關鍵在於把握這個趨勢，真正掌握這個趨勢的利器就是知識、軟體跟網絡，也是針對年輕的這一代。

這三個方向就是要告訴大家，最重要的是要掌握你自己。我常以

自己做例子，兒童文學的大本營為什麼會出現在臺東，不在臺北、臺南？這絕對不是偶然，也不是湊巧。我們非常感謝很多人，有很多機會被放棄，認為這個不值得追求，我努力的做，幾十年這樣走出來。我只是告訴你機會有無限的可能，重點是看你怎麼走出來。

四　眺望文學遠景

黃：謝謝老師帶領我們觀察這種全球化視野。生命就是這樣，它是一直循環的，看起來好像又回到原點，其實是又往前一點，這是個橢圓的軌跡。所以，今天在活動的最後，想要給大家一點交流上的建議，即是臺灣文學以後會有什麼樣的可能：

第一，我們一定要正視主流文學，把兒童文學納入主流文學。因為兒童文學就是我們的文學精神。我最近實在太忙了，忙到我昨天晚上還發燒，趕快去打退燒針，但是無論如何我要坐在這裡，為什麼呢？因為我在寫論文的時候，查臺灣文學館的網頁、清大臺文所的網頁、成大臺文所的網頁，沒有一個網頁把兒童文學納入臺灣文學，其實心裡有一點難過。但是，我還是覺得，那是因為所有兒童文學界的人不夠努力，我們要認真努力地讓別人看見兒童文學的光澤。

第二，建立一個整體譜系。如果我們創造了一個人物，就像《騎鵝旅行記》的那個小男孩，就不要忘記，繞著這個孩子一直寫，他是我們創造出來的譜系，每一個創作者都不該散槍打鳥，要創作出一個「人」，一個「地景」，甚至是一件如真的「事」，活在所有臺灣兒童的集體記憶裡。

第三，聽見多元的聲音，把圍牆放下，這個世界之所以很美好，是這個很好、那個很好，所有都很好。

五　答客問

提問一：感謝兩位老師很多的分享，我也感到很多的衝擊。以兩位老師長久的經驗，請問要如何把自己正確的想法分享，讓身邊的人感受到兒童文學其實也可以很生活化、很簡單的表達，如何讓自己的感覺，不管是透過文字或說話的方式把它表達出來，謝謝兩位老師。

黃：柯倩華老師寫了一篇散論，她說遠流花了好多錢，找了六個名作家，做了一套「臺灣真少年」圖畫書，每個作家都寫童年故事，以為用很真摯的心寫故事給小孩子看就是兒童文學。她說完全不是這樣，基本上，不是我想要寫東西給孩子看，就在腦海裡設定一個讀者——用學校的學生或家裡的姪兒設定好——以為它就是兒童文學，絕對不是！

所有為兒童文學著迷的朋友們，如果你要創作，只有一個人值得你為他書寫，就是為藏在自己身體、心裡那個還來不及長大的小孩。有什麼方法把那個小孩找出來呢？最簡單的方法是沒有目的地享受童書，讓我們還原成一個小孩，讓我們跟著毛毛蟲很餓很餓，讓我們隨著小黃、小藍的點點哭泣……當我們打開一本書，整個人就變成那個樣子，我們才算準備好了。

我的建議是，提筆書寫的時候，為自己寫一些生命中非常深刻的記憶。散文也好，小說也好，都是生命中不能忘記的切片，這些畫面會成形，讓自己的性格跳出來，就會有很多方法讓自己恢復成一個孩子。我們讀童書只是為了快樂。比如說我們讀一首童詩：「有一個人走在街上／聽到滿街的車子／都叫他爸爸」，我們讀著，忍不住覺得好笑。當有一天我們困在十字路口，想起這首詩，我們會覺得快樂，為什麼呢？因為我們也聽到了，所有的車子都叫我們爸爸，我們自己在

裡面快樂，而不是看完就想著：「嗯，這是擬聲法，我要怎麼教孩子。」

如果經過這樣的理性思索，那麼我們距離孩子就更遠了一點。讓自己毫無立意地享受，跟孩子相處的時候，不要做判斷，比如說有一天，我看到有個孩子在聯絡簿寫了一行「謝謝媽媽今天休息」，我們很可能就會為他演繹，這個孩子一定很重視他媽媽，所以他媽媽在無限的工作中休息了，陪他一天，讓他充滿感恩。那是我們大人的想法；當我問他，你為什麼感謝媽媽休息呢？他說：「這樣我就可以在學校吃便當。我媽媽很恐怖，常常逼我們吃生機飲食。所以媽媽今天休息一天，我不用吃生機飲食，可以去學校買便當。老師，有炸雞腿耶！」他興奮得不得了。在那時候，我好像也跟著他吃到炸雞腿，跟著他興奮得不得了。所以，我們在跟孩子互動的時候，永遠不要加上我們自己的想像跟判斷，永遠留很多空隙。

如果你的生命裡沒有孩子在你身邊，還有什麼方法呢？哈哈，偷聽也是一個好方法。所有大眾運輸上，都充滿了小孩子的故事。我們今天一路開著車，因為真的很累，就在休息站休息。看到一個小孩子一直纏著他媽媽，小孩子問他媽媽：「如果我長大，我真的很乖很乖，我到幾年級的時候，你會買餅乾給我吃？」很可愛吧？希望我們不要忘記讓自己回到孩子那個狀態，重新享受生命中最快樂的時光。

提問二：謝謝你們兩位給我非常多的東西。我想要講以前我老師講過的一個笑話，就是他那時帶著他的小朋友去逛大賣場，很擁擠的大賣場，小朋友突然哭了起來，老師就問：「你為什麼哭？」他說：「我不要只是看到你們的屁股！」小朋友是我們未來的主人翁，所以我們給他很多的期待，可是我覺得現在的小朋友真的很可憐，補東補西。我一直對「望子成龍，望女成鳳」這句話非常排斥，希望你給我們一個意見。

　　林：我也有兩個孩子，我從來沒跟他們聯絡過，他們在幹什麼，其實我也都不知道。做父母要放得開。我認為目前臺灣教育環境已經成熟了，所謂成熟就是不怕沒有學校讀，反而考不取才是不容易。我認為，基本上有時盡信書不如無書。我們不一定要拘泥古代的觀念，我對孩子的教育觀念是這樣：我們是照顧他，不是控制他。現在臺灣教育的問題是老師和父母的問題，不是孩子的問題。孩子絕對有無比的潛力，所以我想，假如你是小學老師，最大的責任不是如何教小孩，反而是如何跟父母溝通，可是現在的老師最不願意做的就是跟父母溝通。如果跟父母溝通得不錯的話，教孩子一天到晚陪他玩有什麼累的呢？

　　我建議，讀兒童文學最重要就是要讓自己快樂，這是兒童文學最大的樂趣。兒童文學什麼東西都不是，只要小孩子喜歡就好。要知道文學的表達就是人的表達，內容無所謂深跟淺，我再舉一個我常常舉的例子，有一個童話叫《幸運的漢斯》，漢斯傻傻笨笨的，他在主人家工作了很多年，有一年要回去，主人給了他很大塊的金子，他背在肩膀上，一路一直跟人家換，換到什麼都沒有。這故事小孩子很喜歡，他們認為自己絕對不會跟漢斯一樣笨，從金子跟人家換磨刀石，結果掉到水裡面，什麼都沒有。可是從大人的角度來看這個故事，會有另一層領會：當你一無所有、了無牽掛的時候才是人生真正的解脫。

　　所以，意義會隨著年齡以及知識改變的，因此小孩子看的書，你不要管他看得懂看不懂，只要他喜歡就好。兒童也有反兒童化的心理，有時候孩子也會看大人的書，爸爸看什麼他也看什麼，表示自己沒那麼小。我們大人以前太斤斤計較，這個合適那個不合適，事實上孩子們自己會有一套排除系統。

　　提問三：各位前輩大家好，我今天非常高興看到以前東師的老

師，我想替臺下所有的東師人，感謝老師今天讓我們在這美好的週末重溫舊夢。剛剛老師說別人會記得他，可能是因為他不同的穿著。我想除了不同的穿著之外，所有上過老師課的人永遠都會記得老師對兒童文學的努力，也會記得他在課堂上一直告訴我們「寧可做了後悔，千萬不要後悔沒有做。」我想請問，當我們有機會跟小孩子做繪本的分享、共享的時候，對媽媽或老師有沒有什麼具體的建議，謝謝。

　　黃：先來談幾件不要的事：千萬不要用圖畫書來嚇小孩。我們不是中古世紀，中古世紀時，媽媽要炒菜，把火燒紅、燒熱以後，就會先叫小孩統統站一排，你們不乖就會像這樣，接著「涮！」地丟下一把青菜，油就濺起來，真嚇人！圖畫書有很多帶有教訓意味，但那不是圖畫書的重點。

　　「圖畫書的意義」第一個是：讓我們重新回到童年的視角。有本《神奇的禮物》，描寫有個孩子害怕這個害怕那個，後來因為他擁有了一個禮物——一隻狗，這隻狗陪他做這做那，陪他度過非常多的生命過程。而整本圖畫書都只照出那個狗的頭，後來我們才發現那其實是一隻玩具狗，牠底下有輪子。每次讀這本圖畫書，我就很感動。常有家長會問我：「黃老師，那我們要怎麼教小孩子讀這本書？」我說：「不要教啊！」我們只要負責翻書，小孩子就會有很多發現。尤其在教室裡，你想想看有三十幾張嘴，一打開來，老師只要「哇！」一聲，他們就很興奮，除非是一些特殊設計的書（像安東尼・布朗的書，他習慣留一些圖像線索），不然，我們只需要放慢閱讀的速率，停格，在翻頁的時候留下很多空隙，孩子就進去了。

　　很多老師因為工作上的需要，要介紹一些書給孩子，但是因為他自己不喜歡，介紹得非常沒有感情，那個孩子就被掠奪了「喜歡這本書」的機會。下次看到就說，那本書我看過，我不喜歡。所以，推動閱讀的第一件重要的事情是：先讓自己徜徉在很多喜歡的書裡面。要

讓孩子認識這些書，首先你自己就要很喜歡，能在裡頭享樂。

第二件事情，我們的孩子接觸的書都太多了，要讓它變少。怎麼變少呢？有一種方法是，主題集中；另一種方法是，作者集中。每一種方法都是讓他「集中」，讓孩子在某一個成長階段，回想起小學一年級的時候他讀過什麼作品，這學期又讀了什麼。他的生命會因為單純，然後深入。

第三點很重要的：要扮演一個觀察者的角色，而不是引導者的角色。有一次一個小孩子來我家，剛好我家有一張長方形的紙，他把紙撿起來，在上面畫了兩顆眼睛跟彎彎的嘴巴說：「吐司麵包會說話！」我真的覺得很可愛，就留著那張紙。他下一次來，我又畫了一個長方形，問他吐司麵包今天又怎麼啦？他又繼續畫，一次一次把它收集裝訂起來，就變成這孩子的「吐司麵包會說話」圖畫書。

孩子們的身體是發電機，隨時會有新鮮創意冒出來。這時你得觀察哪些東西很精緻，就像種子流過水面一樣，得趕快把它撈起來整理。孩子很戀舊，他們常翻舊照片，會說小時候好醜或怎樣怎樣。你把他們的創意整理出來，慢慢的，他們會喜歡書寫、喜歡閱讀，他會喜歡這所有生命的形跡。讓種子重新種下去，讓孩子重新跟文學聯結起來。

——本文原為國立臺灣文學館第六季「週末文學對談」紀錄，時間：2006年6月24日；地點：國立臺灣文學館講廳；主講：林文寶、黃秋芳；紀錄：張志樺。收錄於國立臺灣文學館主編：《遠方的歌詩——十二場臺灣當代詩、散文與兒童文學的心靈饗宴》（臺北市：印刻文學生活雜誌出版公司，2008年10月）。另收入林文寶主編：《另一種觀看兒童文學的方式：座談會與對談》（臺北市：萬卷樓圖書公司，2019年6月）。

臺東，兒文所的原鄉

　　中秋節，接到臺東大學兒文所黃雅淳老師的邀約，為「兒童文學與文化產業」這門課做兒童文化產業介紹。雖然是平常的公務，心卻不平常地柔軟下來。回臺東耶！根本不需要任何理由，只想著「向臺東飛」，世界就柔軟地換了顏色。

　　從二○○四年臺東大學兒童文學研究所畢業後，二○○五年籌組「黃秋芳創作坊」教學團隊。經過兩年飄搖奮鬥，終於在二○○七年安定下來，創作坊第一次團隊旅行，領著十個人，往臺東飛。到了二○○九年，那麼多的選項，大家又毫無異議地選擇臺東。三天兩夜的流動閒晃後，安定在「八嗡嗡Villa」，一個定點，無所事事地再待上三天兩夜。光想像，都覺得萬般奢華。後來，新流感肆虐，怕飛行、怕旅程中任何感染，行程臨時取消，改在就近的尖石鄉「石上湯屋」，預付的旅館訂金和機票取消的手續費，總加起來被扣了兩萬元。從此，夢工廠廠長訂下旅遊規則：「不訂機票，不遠遊。」

　　隨著這簡單的指令，臺東就如舊愛，夢遙路遠，漸行漸淡漸薄……。

　　這些年，我的學習、工作、玩樂，幾乎都糾纏在創作坊。曾經熊熊燃燒過的臺東幻夢、那屬於兒文所的心靈原鄉，如柴木化為焦炭，在無限唏噓中慢慢沈寂，直到雅淳的邀約。如風，重新煽起這墨黑灰燼中的豔紅星火，讓人顫顫歡喜。

一　直奔臺東海

　　刻意選在九月二十八日教師節這天飛臺東，畢業七年，有機會回臺東，當然得提前為阿寶老師歡慶教師節，有一種儀式般的莊嚴與溫暖。出發前一夜，睡得很糟，受到颱風外圍環流牽動，氣候極不穩定，反反覆覆猜測，第二天，能夠順利飛嗎？

　　晨醒時，天氣晴，心情大好。到松山機場，順利的話，一個鐘頭可到。不過，怕路況不好，計程車司機建議，還是十點半就出發。鄰近機場時，他忽然很擔心：「怎麼辦？都不塞車，我們會不會來得太早？要不要在臺北再繞一下，還是開慢一點？」

　　人生哪裡不是這樣呢？我們越提心弔膽地提早準備，越不可能出問題，偏偏在稍有疏忽時，狀況百出。我笑了笑，很習慣這種不可思議的「領先」，常常在無人競爭的「劃座競賽」裡，坐穩第一排靠窗的貴賓座，慢慢摸索出適應後的悠閒。帶著本易中天的《先秦諸子百家爭鳴》，在候機室的「伯朗咖啡館」裡，選用輕食，帶著輕揚和期待，「多此一舉」地對服務人員解釋：「不加點咖啡，因為，我要到臺東海邊去喝咖啡。」

　　想起來，誰又會在乎呢？但是，真恨不得在臉上浮刻幾個字：「我啊！就要直奔臺東海邊。」

　　原木小圓桌是我最喜歡的場景，音樂輕輕的，食物淡淡的，易中天又是我很喜歡的作者，就在這「萬般美好」的浮生偷閒裡，廣播響起：「臺東雨大雷擊，機場關閉，十二點四十分飛機暫停登機。一點時請聽廣播，決定是不是要取消航班。」

　　怎麼會這樣呢？像每一部電影刻意調慢速度、逆光特寫的溫存美好，彷彿費盡一切力氣就在準備，下一秒鐘即將迸裂的戲劇性衝突。等到下午一點，廣播只是反覆道歉，始終不能決定，要不要取消？想

到第二天的演講，我還是乖乖去預定四點多的機位，打電話給等在臺東要接機的阿寶老師，一邊忐忑不安，覺得很對不起這個「大牌教授」；一邊又任性地，好像「比他更大牌」地千叮萬囑：「不知道什麼時候才可以飛。可是，一下飛機，我要直奔海邊唷！」

這句「一下飛機直奔海邊」的魔咒，阿寶老師大概聽了幾十遍了吧？有時候忽然「良心發現」，真覺得自己很幸福。就在雅淳擔心這一天沒有人可以接機時，我的指導教授林文寶，這個一直被學生當作「文學寶貝」接來接去的人，居然願意來接我，還要反覆接受我的嘮叨：「一下飛機，要直奔海邊唷！」

「好啦，好啦！」阿寶老師不能算不耐煩，只能說分身有術，工作效率極高：「我先送你去海邊，你自己去看海，吃飯時再接你回來。」

這一天，非常優秀的童話作家林哲璋，特別安排「教師節謝師宴」，阿寶老師和吳老師都希望我一起出席。可是，「無功」哪好意思去「受祿」啊！也不好意思麻煩「老人家」跑來跑去接送，再加上臺東天寬地闊，不租車，簡直寸步難行。問題是，天候不好，視線差，五月底車禍後，我又極少開車，重回臺東海，到底該怎麼去海邊呢？只覺得「四方只堪哀，對景難排」啊！真是忐忑難安。

二　天涯故人來

帶了袋「作文法寶」系列贈書和《作文老師備忘錄》，準備送給志豪。創作坊團隊因為志豪寫的〈抓鼠記〉和他結緣，他不但擠進團隊記憶，還搏得「膽小的助理」這個可愛的暱稱。志豪出第一本少年小說《送馬給文昌帝君》後，分別寄贈給創作坊中壢、新竹兩個教室。到臺東前，本來準備回贈他一些小說，他卻因為朋友在教作文，

選擇作文工具書。這些為了朋友「縮小自己，放大別人」的選擇，總是讓我尊敬。

「哪一位是志豪啊？」踏進阿寶研究室問，志豪傻愣愣地半舉起手，我卻意外對著志豪對面的另一個人發呆，不太確定地問：「是培欽嗎？」

碩班畢業後完全失聯的的老同學培欽，一直是個「創作人」。剛出版可愛的童話集《包心粉圓抓賊記》和《騙你一百次》，我竟「孤陋寡聞」到完全不知道他成為唯一堅持到博班的「論述人」。培欽也意外極了：「耶？看到所上公告，你明天要來演講，竟不知道你提早一天來。」

培欽也是過來送教師節禮物的呢！他剛從所長室過來，一邊等著阿寶，一邊和博班同學志豪在聊天。他為阿寶老師和升任所長後仍然是我們永遠的「杜老師」，同樣選了「茶葉」當教師節禮物。多健康啊！我準備的卻是熟齡後必忌的甜食，偏又是我超愛的「詩特莉餅乾」。

展示給培欽看這些可愛的禮物，為喜歡逗孫子的吳老師準備詩特莉奶奶和爺爺；為始終維持「名士風」的杜老師，選一袋時尚調皮的小老虎，笑說：「不知道老師的生肖，就選用我的吧！」

交換欣賞禮物時，心情變得很輕鬆。一路上「對景只堪哀」的感嘆，徹底轉換成「天涯故人來」的溫暖。急著勘定五本論文集最後校的阿寶，鬆了一口氣：「培欽啊！那就交給你，趕快載她去海邊。」

「沒錯，快點出發吧！」替我搬行李辦Check in手續的小助理，剛好也放了半天假。在車子慢慢靠近「公教會館」時，膽小的助理還大膽地指揮：「過去一點，學姊比較不會淋到雨。」

「還差真多啊！」我忽然狂笑：「如果現在是阿寶皇上送我們過來，誰敢說過去一點、過去一點啊？」

　　後來，志豪在水國，有一段有趣的留言：

　　這次秋芳學姊的到訪，總算一睹芳容。豁朗笑容，是我的第一印象。而在一個下午的相處，又對她有了更一層的認識。那時，烏雲不去，天空不展，細雨纏綿。我同學培欽（也是秋芳的同學）開著他的小紅，載著我們一起漫步於東海岸。天色晦暗卻涼暢，小紅是我們的心情，在這麼眉烏雲下，有著開朗的微笑。

　　培欽名字取得好，在他的「陪親」下，這趟旅途愉快自在。整趟旅程，筆始於一杯咖啡。卻意外的在東河包子溫暖的肉香下，勾引回憶，重遊過去，而畫下句號。

　　人生的旅途，何嘗不是如此，未來不可知，計畫又趕不上變化，這才有趣。

　　秋芳學姊一進研究室，就大聲嚷嚷：「哪個是志豪？」

　　我慌忙的舉手，「我就是。」

　　「創作坊的老師都要我來看看你。」學姊興奮說。

　　「哈哈。」沒想到我之前的留言，竟引起如此大的連漪，謝謝大家的厚愛，真的有受寵若驚。學姊欣喜激動的跟我分享團隊對我留言造成的波瀾，根本就忘了一個人──「皇上」。

　　皇恩浩蕩，秋芳學姊就直截跳過皇上，來找這個小小的助理，而且可是皇上親自去接送秋芳學姊。小小助理的心碰碰跳著。當然，皇上馬上把我叫了過去，交派緊急任務。

　　「是的，皇上，微臣不敢殆忽，使命必達。」

　　「培欽，你趕快來看志豪寫的膽小助理。」學姊的熱情，充滿整個研究室，渲染到我的耳中，當然也到皇上的耳中。皇上邀請：「秋芳，晚上要不要跟我們吃飯？」

　　「不用啦，我已經跟你的小小助理約了，你自己去。」

我的媽呀，學姊一口斷了皇上的邀約。我的心碰碰碰碰碰碰跳，跳得太猛烈，跳到地上，我看見皇上把它踢得老遠。

「皇上～～～～～小的錯了，請原諒我。」

皇上匆匆離席，而我就這樣跟著學姊和培欽踏上旅程。「皇上～～～～」

三 流連海岸線

我真喜歡志豪的留言。培欽，就是「陪親」，這麼多年不相見，培欽二話不說，變成我們的腳，載著我們，往天涯海角行去。

沿著海岸，尋找著我所熟悉的舊時風景，人文味道濃厚的「希臘左巴」，倒了；音樂風極為熱鬧的「黃金海岸」倒了；悠閒懶散的杉原海岸，被醜醜的建築圍起來了！連昔時原木風情十足的「杉原62號」咖啡，移到杉原30號變身為水泥屋「東河戀」，也完全不是我魂縈夢牽的那個樣子。踩踏著「東河戀」下雨的露臺，推門進去，尋找靠窗的景觀，沒有座位，靠窗的平臺散落著各種繽紛鮮豔的雜誌，而記憶卻一點一滴褪色。想到培欽晚上還要回到瑞穗呢！我有點遲疑：「還可以再往前開嗎？」

「到時就放下你們，再打電話請阿寶老師來解救你們吧！」培欽笑著說。我立刻拍胸脯保證：「我們自己搭客運車回去好了。」

大家笑成一團。彷彿流光奢華，禁得起盡情揮霍，就這樣漫無節制地，繼續流動在海岸線。忽然想起「金樽」，那麼漂亮的陸連島，還有情韻十足的咖啡露臺。大家精神一振，培欽的愛車「小紅」，好像也感受到熱情，越是輕快的飛躍起來。耶？「東河包子」到了，金樽呢？莫使金樽空對月，怎麼我們這樣千里相尋，金樽竟神祕地憑空遠逸？

　　我們怎麼能夠想像，歲月這樣漫不經心地翻了個身，世界就形成了這麼大的動盪？曾經堅持在接近於古蹟老店的「東河包子」，也遷到海岸線了。他們說：「金樽正在整修，封閉兩個月，想要喝咖啡，往前一點點，到福樟木屋去吧！」

　　就在流動途中，忽然看見「東管處」指標，哇！都歷到了，這是我每到必定流連上半天的「會黏人的地方」，忍不住興奮地喊：「左轉，左轉！」

　　上了斜坡，才知道培欽、志豪都沒來過。忍不住歷歷盡數：「你看這員工宿舍，住在這裡多好！那裡都不想去了；你看這棵樹多麼巨大，我們整個團隊的文弱中文人，全都爬上去看了半天海；你看這石頭，多適合睡一場南柯夢；你看……」

　　就在這些絮絮叨叨的懷想中，終於走到東管處的咖啡廳。烏漆漆的落地窗面，心裡飄過一陣「不祥的烏雲」。天～哪！營業時間，只到下午五點，趕緊核對手錶，五點四分。心中千百種憾恨浮起，如果別去逛那一路的海岸，如果不買東河包子，如果走快一點，如果剛剛不是停錯停車場，志豪最認命了，居然這麼務實地說：「如果剛剛記得在7-11帶三杯咖啡……」

　　「哇！好寬闊啊！」培欽最瀟灑，坐在露臺上的原木椅：「難怪，我朋友都說，他們喜歡在這裡看星星。」

　　我們坐在這裡，眺望遙遠的太平洋，天氣不好，心卻無邊晴朗。培欽和志豪對創作都帶著賁張的熱情。培欽讀博班，想要在創作上注入一點活水，志豪讀博班，可以找一個安全的角落，不必跨進職場競爭，給自己幾年，可以一直寫、一直寫……

　　只有深情的人，才能一輩子執著於創作。培欽是都市人，因為瑞穗的孩子們長大了，紛紛回來找他，他居然因為這樣，從此離不開瑞穗；志豪好笑的「中獎男」故事，誇張中帶著辛酸。培欽提起志豪的

傲岸不馴，讓我們對照起他和「皇上」的奇異互動，還不知道怎麼岔來接去，竟然相認起同樣的英文老師。寬闊的天地，收納著沒有邊界的話題。我們聊文學、聊寫作、聊創作坊、聊兒文所、聊喜歡的作家、聊嚮往中的文學典型……，直到日色斂盡，每個人都只剩下一弧淡淡的人形暗影。

四　滿月起相思

　　志豪原來計畫在「伊亞」咖啡民宿用餐，然後在鐵道村走一走。一路都在買單的培欽，用慣常瀟灑的態度回應：「伊亞，不錯啊！可以吃得很飽。」

　　小紅在夜暗中迷路了，志豪機警地指揮我們找一部車「跟車」。這麼適合懷舊的天氣，這些適合重敘天寶遺事的夥伴，忍不住想起，在臺東讀書的時候，我常常帶兩條「滿月壽司」當午餐。計畫就這樣轉彎，我想要回海邊「小車輪」，吃想念的滿月壽司和味噌湯。如常點了兩條滿月壽司後，忽然又擔心：「我剛剛才吃完肉包子和紅豆包子，如果吃不完，大家要幫忙吃。」

　　沒想到，我居然在很短的時間裡吃完。是不是記憶也會肚子餓？所以，比生理的飢餓，更渴望盡快得到滿足？坐在一點都沒有改變的小店裡，培欽忽然想起，碩一時，我因為杜老師講課時天馬行空，實在沒有重點，忍不住脫口就問：「你怎麼都不備課？」

　　一想起學生時候，杜老師從開天闢地無邊無涯的文明緣起講起；想起他為我的論述《兒童文學的遊戲性》所寫的序，恢弘天成的〈星垂平野闊〉；想起他在無數次交會時，張望著文化開展的更多可能……，忍不住哈哈大笑：「天哪！那時候的我，可真大膽啊！可是，我就是這樣啊，可以不說話，但是不能說假話。現在想起來，自

已怎麼總是這麼直接？」

這時，接到雅淳電話，通知我第二天早上，所長會替她到公教會館接我。所長就是杜老師啊！這些年，他的所務奔忙，生活的內容就是無止盡的開會，我真是受寵若驚：「怎麼都出動這麼多大咖？」

不必任何計畫，兜了一圈東海岸，所有我想念的地方都看遍、走遍。培欽在八點半，送我到阿寶老師家，和哲璋一起，在教師節的最後幾個小時，祝福兩老教師節快樂，而後又送我回公教會館，再連夜開了兩個半小時的夜車回瑞穗。

潛修佛學的雅淳說，這是我的福緣深厚。是福緣，也是情緣。回到「我的」臺東，世界好像都變得特別友善。志豪為了這惦念一整天而始終無緣喝到的咖啡，特別在第二天，買了盒原豆烘製的「咖啡豆巧克球」，請公教會館櫃臺人員交給我。回家後，看到志豪寫給創作坊團隊的留言：

　　我終於可以瞭解秋芳學姊，也由衷的佩服，這是我第一次看到，有人可以如此不畏皇恩大海，依然故我。

　　妳太酷了，學姊。皇上與小小助理，小小助理第一次獲勝。

　　「歐！耶！」我振臂歡呼，但是我卻哭了，因為我贏了一場不該贏的戰爭。但是，我發現一件事。我有皇上，你們有皇后，你們的皇后是「秋芳學姊」。

　　學姊在閒聊當中，談到創作坊的總總，真是讓我大吃一驚，大至教學方法，小至衣著都要管。我心裡嘀咕著：「這應該不叫做黃秋芳創作坊，而是黃秋芳創作軍隊。」

　　「皇上」領著你們出征，征服許多大小戰役，獲得許多徽章勝利，多了不起啊！

　　當然所有的規定紀律，都要符合皇后的需求，你們真的辛苦了。

也讓我想起,我們家的皇上,為了一件破掉的牛仔褲,差點殺了我。他說你幹嘛標新立異,把褲子弄破,我說,那自然破的。

「那為什麼還穿,買新的。」

「可是我很喜歡這條褲子,它陪了我好多年。」

「不管,如果我再看到你穿,你就死定了。」

「喳。」從此我只能在我家偷偷穿著它。相信你們也有類似感受,因為我們都是小小的助理。

不過,我也很羨慕你們這支堅強的軍隊,你們有共同的目標,一起多年征戰的深厚情感;其實,已經不是軍隊,是個家,我感受到這個家的溫暖,令人羨慕。

比起你們,我比較像一隻鴿子,常常跟皇上吵架,然後就飛走。隔天,還是到研究室報到,因為研究室是我的家,自從踏上臺東,我就到了這裡。

這個也是回答秋芳學姊問我的,為什麼不離開皇上?因為這已經是我的「家」了。就像創作坊是你們的家。

閱讀這一字一句時,真覺得,臺東好像也是我的「另一個家」,這樣難以戒拔。

五　杜老爺咖啡館

很久不曾在臺東醒來,也許是心理作用,覺得滿滿的空氣都自由。電話響得很早,居然是記憶裡一直很「慵懶」的杜老師提出意外的邀約:「能不能早點出門?」

約好八點十分相見,因為老師的「名士風範」,提早為自己做好「過盡千帆皆不是」的心理建設。沒想到,車子到得很「準時」,忍

不住抓起錶，在駕駛座前晃了晃，對著錶面指針讚嘆：「真早啊！才八點十二分耶！」

車子往活水湖流動，天寬地闊的海洋，多年前日日來回的散步小徑，以及收納了不知道多少記憶的「蛋糕山」綠色小丘。好不容易掙脫前一天的雷雨，難得陽光溫酥，久違了的燦藍，杜老師的評論「別出心裁」：「可惜，今天天氣不好，太亮了。」

「哇，原來你喜歡暗一點的天氣。」我忍不住笑，這就是每一個人不同的生命嚮往，有人沒有好陽光不想起床，有人有風就急著到處去流浪；還有人啊！埋著頭根本分不出春夏秋冬。我特愛微霧的早晨，陽光倦勤，讓無聲的陰鬱，寫盡生命裡巨大的寂寞，彷彿永恆。但是，海邊的陽光，在汪洋表層，覆上千萬層爍目的藍，沉靜、深邃、不可捉摸，卻永遠充滿了魅惑。我吁嘆：「陰暗時雖然多了點悲劇的美感，看海時，能夠大太陽，還是得感謝遇上好運氣。」

車子轉往岩灣停下。以前彎彎曲曲在這裡找到「寒舍茶館」，用滿腳紅豆冰「佈施」過好多蚊子，不知道那盤在山腹上的老茶館還在不在？記憶裡裝著這麼多惦念，到底是美麗、還是負擔？

和杜老師在一起，無論是上課、談書、討論論文，或者是張望文化遠景，總離不開咖啡、蛋糕、甜食。我在臺北「瑞雲牙科」植牙，也是透過他的介紹。記得，那整個牙科診所的人，閒話的樂趣，都惦著他滿口的爛牙。難得地，我們閒走在卑南大溪水畔，遠眺對岸的「利吉」惡地形，重溫「小黃山」的記憶，對照討論不同研究者的論述風格，展現出從來沒有這麼健康過的活力。

「沿海咖啡屋沒落了，因為我們都不去了，現在大家都在自己的研究室看海。」杜老師閒閒談起還沒親眼看到的知本校區，真是無限嚮往。九點半，杜老師要開會。進入臺東大學知本校區時，還以為是哪個風景區的售票亭呢！他問：「想待在研究室，還是所長室？」

　　這個「選擇題」很簡單，所長室看不到海，我當然留在自由、憊懶、繁華無限，充滿爵士情調的「杜老爺咖啡館」，經營私密的「咖啡時光」。永遠帶著一點點邀約倦臥的塌塌米地面；臨海靠窗的桌；書牆上沒有邊欄的各種各樣的書；散在地上的書箱、手工書衣、禮物，還有我剛加入的小老虎詩特莉⋯⋯。

　　記得，念研究所的時候，我喜歡在下課時，待在常常沒有別人的「杜老爺咖啡館」，讀各種各樣奇奇怪怪的文化論述。我戀戀回顧，那時候還有咖啡機啊！杜老師趕緊拿出兩種不同品牌的懸掛式濾泡咖啡包備用。杜老爺咖啡館的混亂，有一種「回家」的親切感。先在亂成一團的「音樂箱」裡找咖啡配樂，發現《音樂大師說故事》系列，很親切，剛看完這套音樂大師DVD，年輕的孟德爾頌擠進這麼多音樂大師行伍，真是好運氣！撿出兩張CD，輕輕的「陳明韶專輯」，五年級的青春懷舊，還有「貝多芬專輯」，我喜歡用他的寬闊澎湃來記得海洋。

　　就在我張羅著「一個人的咖啡屋」時，雅淳老師的「萬能小助理」佳蓁，端著一壺茶、一碟小西點出現啦！我這正為沒有咖啡機著惱的「巧婦」，一時竟得了「無米之炊」。幾分鐘後，佳蓁從隔壁研究室，現煮一杯無糖無奶球的黑咖啡，這一來，「杜老爺咖啡館」就完美地開張了。

　　坐在臨海窗邊，翻讀線裝書《笑傲江湖》，不是武俠，是古詩輯。杜老師以前開設的「武俠小說選」已撤掉，換成「通俗小說選」。他感慨：「現在的孩子都沒聽過還珠樓主了。」

　　年輕孩子們追逐李安的電影去讀王度廬的《臥虎藏龍》，對於賺錢營生諸多婆婆媽媽，幾欲抓狂。流光如浪，我們只能在載浮載沉中領略風景。如果每件事情都感嘆，只能被嘆息滅頂，看著武俠連續劇長大的學生，還連連向我抱怨：「金庸的每一本書，都寫錯。」

手機可以照相，但我不會用，只能請杜老師拍個咖啡館窗邊寫真。

「我的手機也可以照相，我也不會用。」杜老師擺出一貫無辜的神情。最後，出動佳蓁，她說得真坦白：「我用我的手機幫你拍好了。我怕，用你的手機拍照，回去後，你也不知道如何把照片從手機轉到電腦去。」

我大喜，新新人類的出現，是為了對照出「時代進步之快速」，藉以增加我們的生活樂趣。翻著線裝書，靠著海，傍著黑咖啡，無聲轉載著畫面上看不到的貝多芬，留下在臺東唯一一張最珍貴的「到此一遊」。

六　最美的風景

「萬能小助理」這種產品，真的是偉大的發明。這種讓人崇拜又畏懼的「萬能」裡，要能調進一點點「迷糊」，那就非常親切可口了，隨時可以和人拉近距離。佳蓁就是這種稀有產品中的「精品」。她申請臺大PTT BBS站的ID，本想用國中時的暱稱「企鵝」，將penguin的u誤植成a，變成了pengain，日後也一直沿用下去。她的朋友將pen gain拆開，叫她「筆得」，這名字對她就形成新義。從「筆」中「得」到所要的感動，也給予別人感動，自然就更喜歡這個ID，加上她屬兔，喜歡身邊所有跟兔子相關的一切，現在也用「兔兔」暱稱，「筆得兔」跟「彼得兔」默默產生互文關係，不需要刻意思考、執行，卻又錯誤得很美麗。

苦恨「相知太晚」。我的衣服、拖鞋、毛巾、床組、涼被、杯子、盤子、手飾盒、I-cash卡片套……，全部都是彼得兔。迎接創作坊小君主任的第一個生日禮物，就是彼得兔被子；兔年來臨前，還興高采烈地索取彼得兔型錄讓大家挑選團隊禮物。要是早一點知道，隨

手帶個小彼得兔綠茶精油芳香罐。哇！等我離開之後，空氣裡還是會瀰漫著「關於我的氣味」。

這孩子，就是讓我認識雅淳老師的第一抹風景。一大早，沒有擾人的工作進度提醒，而是甜蜜調皮的簡訊，提醒「老闆」：「咖啡煮好了」。

「親一個。」雅淳老闆的簡訊，也回得很Cute。她們的交接應對，跳脫硬梆梆的「學院論述」，轉成可愛的「漫畫小品」。佳蓁喜歡「烏克麗麗」，熱情執迷兩、三年，就熱火火地組Band、考街頭藝人，隨身帶著這心愛的「超迷你小吉他」，和雅淳搭車時遺落在火車上，老闆說：「怎麼這麼迷糊？」她居然一本正經地在研究生間展開正式民調：「老師和我，誰比較迷糊？」

當然，雅淳勝出！

我也熱情地加入「爆料大競賽」。雅淳事先提醒我，記得帶匯款資料和飛機票據；我有點迷惑，寄了一大堆網路訂票又改時間的資料，不知道這算不算匯款資料？她說我太可愛了，匯款資料指的是存簿帳號。我在創作坊小圓桌和大家分享這一場「匯款資料」和「存簿帳號」的迷糊仗，也做了民調：「雅淳和我，誰比較可愛？」

大家異口同聲地說：「雅淳老師比較可愛！」

跟在這些可愛迷糊的預告片之後，「完美神話」拆解，雅淳「真身現出」時，成為再真實不過的生命交會，彷彿熟稔已久。原來準備帶我到附近農場喝一杯現打果汁的雅淳，轉念推薦臺東大學知本校區人文學院頂樓，看海平臺的無人咖啡座。這是她最喜歡的私密風景，無人參與的天寬地闊，可以用來釋放自己，也整理自己；也是我看到的，屬於雅淳最美麗的風景。

幾乎在第一眼，我就愛上這個小小的角落。「萬能小助理」很快在咖啡座上張羅出一桌繁華，我們就這樣拾得一場從現實中意外逸出

的「蝴蝶會」，一「壺」茶、幾「碟」小甜點。在頂樓最高最高的「天涯」，依傍著遠遠遙遙的「海角」，一起檢視著晦暗蒙昧中的海角天涯，彷彿看見我們一路在成長路程中失落過、成就過的種種起伏。

午餐時，雅淳去開校務會議。我翻讀著她的《魏晉士人悲情意識研究》，感受到這個真摯的研究者，糾纏在學習、工作和生活中，整理整體的秩序，為自己、也為更多閱讀者，找出可能的出口。

工作和愛，是生命的雙翼。很喜歡看到每一個人，掙脫侷限，在文字裡飛翔。

七　會發光的樹

下午在「兒童文學與文化產業」課堂上，和兒童文學研究所的碩士生和博士生，分享「兒童優先、文學至上的創作坊」，從「策略」、「人才」、「管理」，深入檢視品牌、團隊的經營，以及如何面對我們每一個人，各自歧異的生命可能。

常常發現，語言的流動，具有一種「把人緊密地團在一起」的魔力。當大家覺得心裡有一種溫緩的火焰，慢慢被煽起時，我更希望，感動，不只是停留在瞬間而已。再過幾天，大家可能忘了這場這場演講；過幾個月，忘了我；甚至再過幾年，可能也忘了曾經在兒文所親密相依的雅淳老師，但是，我希望，大家不要忘了，在無邊時空的沈重黑暗中，我們都想要一點點亮光，想要活得更好、活得更快樂、活得更有價值。

所以，有四個問題，讓大家在課間慢慢想一想。試著深入內心，面對真實，真切地問問自己：

是不是有一些事，我們總是做得特別輕鬆、順手、在行，並且特別容易成功？

是不是有一些努力，總是帶給我們充滿歡愉的過程和成就感？

我們所做的事、所付出的努力，是不是和我們的背景、個性，以及周邊形成的人際圈子，特別能夠相應？

我們的選擇，是不是可以對社會、對周遭環境，形成一些關懷和影響？

這四個問題，分別指向我們對自己的生涯探索：「專業」、「熱情」、「性格」、「尊嚴」。當我們都能夠做自己最擅長的事、做自己最想做的事、成為自己最想成為的那種人、成為社會有所期待的那種人時，我們就為自己在漫長的人生中，準備了四種永遠都可以讓我們更幸福的禮物。

第二堂課，檢視「兒童文學在文化產業上的優勢與準備」時，讓大家上臺發表。在整理與吐露的同時，我們也對自己所跋涉過的每一個蒙昧邊界，多出更深切的探索和理解。

山區警察撒可努，敘述追捕山老鼠的畫面細節時，標示出專業的高度和性格的寬闊，揮灑著極具渲染力的熱情，讓我們感受到一種「尊重神靈，重回純真美好」的價值。聽他講話，我們很自然會跟著變簡單、變開心，一如他在給我的贈書《走風的人》扉頁上的題字：「九月二十九日這一天，我很高興，聽到你的說話。」

魏瑅很擔心跟在撒可努後面開講，但也毫不遜色地展示了「再製情境」、「機智跳接」的幽默。

平常有點拘謹的宗憲，調皮地跳出來的舌頭，揭露著藏在他身體裡的那個「小小孩」。無論我們日後會變成什麼樣子，純真，常常讓夢想找到勇氣，讓我們回到最初，永遠張望著世界、對自己充滿期待。

很希望每一場互動撞擊，都可以看到自願上臺的人。碩一的敏瑜很小，卻勇敢，這麼「舉一下手」的小小動作，常常突破了對我們而言，千萬種難以克服的無形壓力。我們每一個人，會在生命的某個瞬

間忽然領略，無從選擇地被丟進一個無邊寬闊、無從依存的蒼茫時空裡，尋找微光，也創造微光。在黑暗中，如果有機會，我們都渴望，奮力種下一棵會發光的樹，透過我們的文字、我們的語言、我們的生活方式……，無論準備了什麼樣子的種子，希望我們都能夠，找到土壤，伸根，萌芽。

八　因緣際會

下了課，從來沒見過面的博四生鄭宇庭，忽然提議：「秋芳老師，我帶你去山上。就在風車教堂下，看看景觀民宿。」

「去山上？」我覺得非常驚奇。雅淳老師也很意外：「我在『愛上臺東』訂好晚餐了耶！」

「放心啦！來得及。」宇庭氣定神閒。我遁入「怎麼這麼好呢！」的幸福迷茫中。

這兩天，帶著瘋狂的嚮往，追逐過海洋；閒走卑南大溪；看過高山。忽然有人要帶我去山上，真想念從前在利嘉、在「原始部落」、在「望園」度過的一個又一個山上的夜。俯瞰臺東夜景，喧囂斂盡，只在素樸寧靜中，溫緩地點著暖色，最喜歡看飛機起降，像星子走過，畫出美麗弧線，最喜歡火車漫遊，像懶洋洋的燈織毛毛蟲，在黑暗中，拖曳著童話光澤。

「秋芳老師真是福緣深厚。」雅淳吁嘆。除了福緣深厚，真不知道該怎麼解釋，這宇庭，究竟是打哪裡冒出來？宇庭開始「講故事」：「我和秋芳老師，有一段作文因緣。」

二〇〇〇年，我退掉租屋，暫停「黃秋芳創作坊」，準備到兒文所念書時，宇庭剛上大一，在桃園清溪國小附近，和紹暘老師，從五個人開始，打造他心目中「讓孩子永遠不害怕寫作文」的文學殿堂。紹

暘作文機構越做越大，宇庭的世界，卻永遠停留在小小的孩子身上。

離開紹暘作文，宇庭在臺東大學兒童文學所，讀完碩士，繼續讀博士。他在大學、在專科，教閱讀、教寫作；到每一個偏遠學校，為孩子講故事，還是喜歡和我分享，創作坊的文學陪伴，永遠領著孩子們，停留在小小的、精緻的摯愛與歡愉。

閒走建和山區，逛逛「木雕藝術村」的各色風格，參觀「建和101民宿」漂亮的房子。越往上走，人煙越少，看到兩座漂亮的涼亭時，我們漫聲問：「你們也打算做民宿嗎？」

「沒有啊，和朋友泡茶的啦！」看著還在攪拌水泥、親手做花檯的這兩夫妻，只覺得這素樸無色的山居，頓時闊氣排場起來，還兩座涼亭呢！他們招呼著我們，在涼亭坐定，看著我戀念著的臺東夜景，這時，阿桑端出自己種的芭樂切片，阿伯儘顧著殷勤招呼：「在這裡吃便飯啦！」

這就是我所心愛的臺東。無論隔得多遠、隔了多久，總是用這樣激切的真情熱血，黏著人，讓人不忍揮別。

承著盛情，慌慌下山。在「愛上臺東」吃創意義大利料理時，很好奇，問雅淳這是不是她最喜歡的餐廳，她說：「回旅館比較近。」

這個「務實的理由」，遇到「浪漫的宇庭」，完全派不上用場，我們並沒有就近回旅館。因為對「快樂寫作文」帶著信仰般的熱情，宇庭一直希望，創作坊團隊是不是可以分出人手到臺東？我推薦以前唸書時參觀過的「葉香寫作坊」，我尊敬當年所看到的，她為孩子們添購的一整牆昂貴而精緻的各種童書。宇庭沒聽過「葉香寫作坊」，在鐵道村熱鬧起來後的這麼多提供給遊客的「旅遊選項」，他熱情推薦，一定要到「毛毛蟲」。到了「毛毛蟲」，這才意外發現，葉香離開臺東了，舊時的房子，美麗的人文看板，舒適的原木環境，都租給「毛毛蟲」這群熱情的大孩子們，在餵養更小的孩子，灌溉更多的夢、更有機會的未來。

九　禪緣

　　最後，宇庭送我到阿寶老師家。總算，這趟熱鬧而忙碌的臺東旅行，在這最後的夜，我又乖乖坐在指導教授桌前，接受指導。彷彿回到檢查碩論前的「風雨欲來」。阿寶的指導，很深奧，最常使用的「論文指導術語」是兩句閩南咒語：「在寫啥？」和「黑白講」。

　　「在寫啥？」這句初階咒語，通常出現在「入門階段」，代表他還有一點點耐性、一點點期待。在論述中，我們可能陷入很多條岔路，他會用類似「打禪語」的方式，用一、兩句「格言」，或接近惜字如金的「謎語」，指出一種文學直覺，在我們理清一切秩序後，才會恍然大悟，原來是這樣。為了跟上阿寶老師的「參禪教育」，我曾經看過幾百本書而又沒用上，最後才完成直到現在我仍然非常喜歡的《兒童文學的遊戲性》，這二十一萬字的文字旅程，任何時候回想起來，總是諸多滋味。曾經為了他一句「後設就是覺知」、為了他一句「遊戲性是一種力量」，我可摸索了幾個月才算說清楚了，豁然回頭時忍不住對老師的先知先覺嘆：「讚！」

　　「黑白講」是進階咒語，對我來說，等於「沒救」。阿寶老師很少祭出這個恐怖法寶，一旦出現，等於「最後通牒」，我習慣丟下一切，重新開始。這一次在臺東，阿寶關切的是我的新書《對字，多一點感覺》。這趟緊密、歡愉的臺東旅程，最後還是要「參禪」，阿寶老師最後的「謎語」是：「太黏密。」

　　近半夜回到旅館，一整夜還做著「解謎」的夢，居然，天就亮了。

　　很早起身，整理行囊，退房。宇庭在七點時接我到「有時散步」吃早餐。一邊餵養我認識這好吃的健康餐，一邊又感慨地向我介紹他心愛的臺東。一個又一個的年輕人到過臺東、做過夢，然後又靜靜離開。最後，宇庭也參出一句禪語：「臺東的土地會黏人，也會選人。」

　　這句話，說得很美，也很感傷。這麼多充滿響往和夢想的人，終究在現實掏洗裡，靜靜被沖遠。宇庭已經在臺東買了房子，卻不知道自己還會不會繼續流動下去？我忍不住想起當年，看著那一對異國戀侶親自打造「希臘左巴」；想起「杉原62號」初蓋時，不斷認真鐫刻出來的那些漂流木，想起在郡界逐夢而又黯然離開的華哥……。

　　「寶桑亭也要拆遷了，準備蓋建國百年紀念地標。」宇庭帶著我，走在「海濱公園」時忽然說。我心裡疼惻不已，不知道拆遷的人，要怎麼安置這麼多的人那麼多的記憶？

　　從森林公園慢慢走到琵琶湖，坐在露臺上，看湖映倒影，如印象派塗糊了的一抹又一抹溫柔色澤，靜靜咀嚼著「臺東的土地會黏人，也會選人」這句話，湧起淡淡的哀哀感傷。這時才深深感受，我們都是旅人，沒辦法領略那「種植在真實生活裡的艱難」，沒辦法體認那「被黏了而又不被選擇」的痛楚。

　　九點四十分的飛機，天氣不錯，準時起飛。在懷念不已的「豬窯」藝品輕食小店，淺淺繞了一小圈。回到中壢後，收到宇庭的簡訊：「秋芳老師：我相信緣份，當然也相信生命的所有美好，皆是因『緣』際會，很高興能在臺東遇見，也祝福您帶回慢慢的能量回教室。回見囉！」

　　「回見」，也是一句小小的禪。我們牽掛的人、懸念的愛、渴望的夢想、魂縈夢繫的地方……，誰又能夠確定，下回相見，會是在什麼時候呢？

──本文分別以〈想念臺東〉、〈戀戀臺東〉為題，原刊於「黃秋芳的巨蟹座水國」，2011年10月3日、2011年10月12日。

大人的兒童節

　　創作坊團隊成立以來，非常重視兒童節。一開始，只是一時的偶然與偏執，覺得有一個小角落，在兒童節時，永遠鬧嚷嚷地享受著無厘頭的歡愉，想起來就非常美麗。沒想到，居然被我一直非常敬重的作家劉靜娟「誇獎」：「你是我所知道總是熱情在過著兒童節的『唯一大人』」。

　　好開心唷！劉靜娟喜歡遊戲，凡事經眼過手，總是可以玩得興高采烈！她隨便玩玩的素描、粉彩、電腦製圖，甚至是需要歲月累積的書法……，都展現出驚人的光彩，還常常發願「壯遊」，行走到世界各地。

　　因為這樣，越是開心歡度著創作坊的兒童節。如果「長大」這道菜可以點餐，我許願：「長大以後可以像到劉靜娟」。

一　兒文所起點

　　剛取得兒童文學所碩士學位。撥穗儀式進行中，所長問：「秋芳，會繼續讀博士班吧？」

　　「我會回創作坊。」我搖搖頭，笑容燦爛。很多人認為我的選擇很「小兒科」，在靜宜大學兼任過一學期「臺灣文學導讀」，教育部核聘的大學講師證，不知道打包在哪一個箱子，近二十年的歲月我只鍾情創作坊。

　　二〇〇五年，創作坊團隊初成立。真的很感激，我的指導教授林

文寶，總是把我當做一塊可以雕琢的「璞玉」，先是勸我讀博士班，在大學教書。知道「此路不通」以後，又毫不猶豫地陪著我「督造」創作坊。他一直惦著要看看創作坊，我喜歡過節，總覺得幸好有這些節日，把日日重複的三百六十五天，銘刻得有滋有味。組建創作坊團隊的第一年，挑了兒童節聚會，阿寶老師提早一天來，我在前站後站繞來繞去，為他找商務旅館、看房間，用「封建」思維來看，簡直像接待上使巡行。

他踏進創作坊，當然是以「大老」的姿態，對「小店」批評指教一翻。本小店非常榮幸，阿寶居然指著一整面書牆對我說：「就送你一整套小魯的書吧！」

哇！真排場。我忙不迭地敬謝：「我畢業了。不像在臺東時，因為無業，專心地A老師，以後老師不用在為我花大錢啦！小錢倒是美意，請我吃飯，吃到老為止。」

哈哈，第一個對我說「請我吃飯，吃到老為止」的偉大的人，是裴溥言老師，好豪奢的承諾啊！彷彿聽到這個溫暖的長者，一定會「愛一輩子」的美麗承諾。後來，好美食的陳憲仁，也加入「吃到老俱樂部」，加上阿寶。

如果我失業了，有三個地方，可以讓我吃得很好，狡兔三窟，實在超級幸福。

同樣出生在兒童節的謝鴻文，以及把鄭清文研究得清而厚的邱子寧，都來陪阿寶老師，阿寶老師和團隊相熟，也自然地指定夥伴們，一起做論文整理。夜裡帶阿寶老師住在創作坊斜對面的「當代」商務旅館。「當代」現在已經舊了，更新也更豪華的商務旅館取而代之，但是，每行走過這條路，再多的繁華，我只會想起可愛的阿寶「這老頭子」。

「這老頭子」，是我們私底下聊起阿寶老師的「親密暱稱」。有一

天，有朋友當面對他提起，嚇出我一身冷汗，像紀曉嵐衝撞了乾隆帝，偏又缺少分辨的機智。阿寶倒是有趣，真還面不改色。

第二天，兒文所暑期班第三屆同學們，在創作坊大聚會。德姮、郁庭最早到；順弘載竣堅、雅蘋從臺中來；公元、孟嫻掃完墓才到。菀玲最後到，但是，最熱情積極地為大家進行很耗損她的真元，卻可以讓我們獲得平靜的「極化療法」。

阿寶說要吃「中壢牛肉麵」，這……，這也太家常了。喳呼大家品賞極具特色的「全牛大餐」，順便導覽中壢原來是南北行旅的中間休息站，以主宰牛隻買賣的專業牛墟行名。物質盛宴結束後，還有德姮、孟嫻和大家分享圖畫書的精神華會，以及「永遠的總務」雅蘋，為兒文所暑期班第三屆同學們準備的一大排書牆裡的童話集，做為創作坊開業的禮物。為大家準備的中壢花生糖伴手禮，不知道在吃進肚子裡以後，是不是也可以像書牆上的書一樣，永遠溫習著「記憶裡的甜蜜」。

二　儀式的歡愉

從二〇〇六年兒童節開始，創作坊的春遊成為純真印記。二〇〇七年的兒童節，我們轉移到剛成立的新竹教室辦「家宴」。二〇〇八年的兒童節非常「積極進取」，先是前所未有地遠離臺北文化核心、在中壢舉辦《96年童話選》新書發表會；繼而為了接生「作文法寶」系列五本書，大家一起進駐「松園」，修訂團隊夥伴的新書稿和序文。二〇〇九年，一等整理好即將出刊的創作坊《作文夢工廠》年度報紙，立刻轉往復興鄉，在陽光燦爛的時候，俯瞰我們所能觸及的一整個世界，也許，太累了的大人看不到，希望我們永遠不會累。

二〇一〇年以後，創作坊重組，「專任寶貝」變成「小學徒」，從

「灑掃應對進退」到「弟子入則孝，出則弟。」，最後才「行有餘力，則以學文」，只要在兒童節這天，創作坊化為「兒童島」，歡迎任何一個有想法、瘋狂、積極、負責任，而且不想要一成不變地停留在原點的新居民，移民到創作坊，彷彿一條壯闊的河，繞過成人險灘，重新撞擊出純真風景。

二〇一二年，行政姊姊打破我專用的「黃釉碗」時，笑說：「沒關係，別擔心。再買，就有了。」

為了挑一個碗，閒逛鶯歌，發現一組又一組的「檸檬娃娃」，小小的，成雙成對的樣子趣味更濃。檸檬本身很酸，很難直接吃下去，但是，配什麼都好用，魚、肉、青菜、水果，浪漫的酒，沈靜的家居，甚至素無味道的白開水，一兩滴檸檬的馨芬，世界就變溫柔了。為團隊選擇一對「檸檬娃娃」，希望每一個夥伴，都像檸檬，有能力把世界變得更美好；此後開始在兒童節前挑禮物，收藏童心，彼得兔、彩虹熊、掌心畫框……，我們生活在一個商業主宰的消費年代，每一個日子所以能夠有趣又有意思，不是透過商人強力促銷的廣告，而是傾聽著心的聲音，重拾對兒童節的純真依戀，讓每一個生活腳印都鮮潤如孩提的歡愉……

三　純真兒童島

創作坊成立於一九九〇年，那時，我剛從日本回來，帶著滿腦子的文化想像，一個人，豪奢地把時間的八成都糾纏在土地報導、人文旅行和專題讀書會的免費講座，以佔了二成時間的兒童作文學費來支撐所有支出。這樣消耗十年，到臺東兒文所「充電」後，重新以創作坊團隊樣貌出發，開始理解「兒童就是未來」，不再執著於「必然」的想像。把時間的八成轉移到兒童作文的深化和兒童文學的跨界，像

種下一顆又一顆充滿無限可能的種子，未來千變萬化，越來越懂得「偶然」的東岔西岔，藏著祝福和驚喜，日子餘下的二成時間，才開始珍惜發呆、放空的隨心所欲。

中華民國兒童文學學會理監事改選後的最新一期會訊《火金姑》期刊剛出版，所有理監事透過專題設計用各具特色的專文和大家「打招呼」。除了匯集詩、歌、散文、漫畫、童話、小小說、書評書介的純文學「競技演出」之外，還有兩篇論述，一篇是我敬愛的碩論指導教授林文寶老師的〈臺灣兒童文學論述的源起〉，一篇是我的學生和團隊夥伴吳毓庭的〈歡樂好聲音，唱出新情意——以古典視角談動畫《歡樂好聲音》〉。

看著全書中的創意大競寫，仿如久違的朋友們一場輕聲的呼喚、交流。我最喜歡的閱讀文類，多半集中在通俗論述、傳記和小說，自然最注意其中的論述，阿寶老師談論述起源，旁徵博引，具有歷史定位的價值；毓庭在動畫角色和對應音樂家的拼貼、對照中，寫出新意，也寫出趣味，如果說是這一期裡我最喜歡的作品，應該不算誇張吧？

記得毓庭從美國剛回臺灣時，很認真地以一個又一個不同的音樂家做導聆主題，結合繪本、廣告、電影、《三國演義》、即席說演彈奏，表現出越來越多元的對話可能，戮力為古典音樂搭築一座通俗平臺。創作坊的團隊夥伴，從一開始單純地聆賞他的音樂家主題說演，隨著他的蛻變和成長，慢慢感受到人世間的千百般豐繁豔景，有時剪輯影片引領我們走進磅礡的交響樂，有時用大家的年度推薦書穿組成一場小型音樂會，年初時更促成一群音樂新手克服恐懼，展開「最初的發表會」，更協助我這個甚麼樂器都不會的「唯一漏網」，在新手音樂會落幕後，跟上大家的生活節拍，改編我的粗陋簡譜，完成〈為了一棵樹〉的多重變奏，讓我也夢幻般得擁有一首「自己寫的歌」。

也是在兒童節前後，毓庭的「樂夜裡的青春時光」系列開講，像彼得潘的「Neverland」，我們也在創作坊的「兒童島」自由飛翔，從來沒有企劃過商業行銷的純音樂人毓庭，又為年度套票預購知音，手作充滿文青風的帆布筆袋，在布拉姆斯「傾樂之戀」當天，驚豔登場，手繪布拉姆斯頭像，搭上雅致流麗的手寫字，Frei aber einsam，凸顯出音樂家的生命呼喊。

四　人生小童話

二〇一九年全球瘟疫，從三月十九日開始，臺灣限制入境，這種迫不得已的「軟鎖國」，讓我們在國際崩亂中如一葉飄搖小舟，我規劃了「平安相守」童話邀寫，增闢在每晚九點出現的「夜深了，說個故事給你聽」的小童話專欄。兒文所的牽絆「法力無邊」，點點星亮，慢慢綻放出異彩，在安靜的文學星空安撫著流離不安的心。兒文所同班同學黃培欽、蔡孟嫻、林美雲、亞平、花格子在記憶汪洋中浮現；陳景聰點起第一線光亮，鄒敦怜自此深交，久違了的陳昇群讓人驚喜；施養慧的豐富意涵，江福祐的派大叔戀愛，林茵和山鷹「燒腦」的科幻接力，形成豐富風景；不斷冒出奇想的顏志豪，呼應以《我們要去捉狗熊》深受歡迎的英國童書作家 Michael Rosen 發起的「尋找小熊」運動，尋找自己的臉；林哲璋這位中文系和法律系雙學位的高冷學霸，讓簡單又開心的平平和安安牽手同行，簡直變成吉祥物，連我都很想跳下來寫「平平安安」同人誌。

我在跨入兒童文學所時，初識阿寶老師的跨界期待；從學位論文到二〇〇六年臺灣文學館的「周末文學對談」提出的文學展望，把兒童文學納入主流文學，建立整體譜系，聽見多元的聲音；接下來將近二十年的學習和努力，致力鼓吹「跨界書寫」和「體系建立」。兒文

所的姜天陸，以短篇小說〈擔馬草水〉和長篇小說〈胡神〉獲文學雙冠肯定，遠離童話創作多年，我喜歡那種淡淡的迴望和惆悵，磨出〈山蘇之歌〉；又找到治學嚴謹的跨文類名家吳鳴，以一種永恆的時空感靠向經典童話的人文象徵，有後韻、能回溫，在舊傳統中注入了新世代中勉力求生的溫度。

吳鳴第一次跨界童話，〈平安夜的鐘聲〉帶著點安安靜靜的時空感。這真的不容易。童話的區別，有口傳佚名、寄寓在很久很久以前的「經典童話」，多半帶著點生命象徵；也有安徒生、王爾德這些「作家童話」，託論現實，直紓性靈。吳鳴想要說的故事，無論是自動或被動的「在家，離家，回家」，扣成辯證循環，充滿人文象徵，慢慢靠向經典童話，有後韻、能回溫，在舊傳統中注入了點在新世代中勉力求生的溫度。

經典童話的諸多討論所以有趣，就是因為藏著我們的集體記憶。童話心理學家布魯諾・貝特罕（Bruno Bettelheim）認為，童話是Struggle of life。生命的掙扎走到最後，都是集體的共相，跨界書寫，最特別的就是創作者的視野。吳鳴治學嚴謹，是認真的「歷史教授」，更是不斷在拓展新視野的「生活學生」，有時莊嚴地辯證義利之所異，有時又溫暖地享受雅俗之所同，悠然活在不從眾也不取寵的飲饌布衣音樂書畫文字中，這種穿走在歷史和生活裡的規律，宛如穴居，春夏秋冬，生命巡迴，一天又一天旋舞，就像童話故事，凍結在凝固的時空中。

吳鳴停留在我的記憶裡故事，亦如一則「經典童話」。寄居在龍潭大哥家時，前輩作家鍾肇政竟然騎著腳踏車，大老遠從龍華路騎到烏樹林來看我，那可真是一段漫長的道路啊！只因為吳鳴向他介紹：「有一位年輕作家搬到龍潭了。」此後不知道多少年，我一直受到鍾老庇蔭，後來才有阿寶把我著迷的臺灣文學、動漫文化，以及所有青

少年次文化的嘗試，都拉進兒童文學領地，我們的故事也就醞釀出接近「作家童話」的新鮮和甜美。

──原刊於「黃秋芳的巨蟹座水國」發表於2012年4月4日〈大人的兒童節〉、2018年5月27日〈樂夜裡的青春時光〉和2020年5月4日〈平安，相守〉三篇作品中的阿寶老師，2022年4月15日刪節重組。

仰望星系！速寫《林文寶兒童文學著作集》新書發表會

一　向宇宙下訂單

　　二〇二二年初，戴了三年口罩的臺灣，陸陸續續爆出群聚染疫。那時候我們都不知道，疫情像滾雪球，停不了，擋不住，好像睡美人的童話咒，「生活停擺」的魔幻世界，重新啟動。

　　也許因為有了過去三級警戒的經驗，感覺更熟練了，其實還是很難面對。好不容易安頓好起伏的情緒，又浮出忐忑的耽慮：系列十八冊《林文寶兒童文學著作集》新書發表會，千萬不要受影響啊！急著向宇宙下訂單，宇宙啊宇宙！請讓疫情收斂，阿寶老師閃亮亮的八十歲大事，我們都渴望奔赴。

　　訂了一百包滴雞精，早晚各加一顆蜂膠，專心「養壯自己」，升級抗疫。已然習慣「閉戶幽居」的宅生活，那裏也不敢去，好像整個一月只為了這件事，安全抵達新書發表會現場。

　　這兩年，臺灣糾纏在疫情不安裡，四地晦暗。二〇二一年的亮點是裴溥言老師百歲，整整一年我纏縛在「早安·經典」的書寫，依靠《有了詩就不一樣——來讀詩經吧！》安頓身心；二〇二二年，照東方模式的理解，出生於一九四三年九月二日的阿寶老師，八十慶壽，我已經為暖壽「提早部署」。

　　0902，這是我們仰望阿寶老師的密碼，遠自兒文所畢業後，和陳

沛慈組成「0902俱樂部」，在每一部著作埋進想念。年初時整理這些年關於阿寶老師的故事、兒文所的相關回憶和他在論述、創作上對我的引領。一回眸，才發現竟然寫了九萬多字，這時就開始計畫，整理出版《一顆星子，這樣仰望星系》。版權頁記錄在九月二日，謝謝他，從宛如星際的無邊想像來到人間，在一片荒蕪中，以一人之力，闢建出我們現在理解的「兒童文學界」。

這麼多的期盼、這麼多的準備，卻抵不過疫情延燒。糾結在究竟要不要出席呢？先是有點不安，怕影響大家健康，想請人代為宣讀我對阿寶研究體系的歸納；但又深深遺憾，輾轉反覆自問，如果錯過了這一天，很多年很多年以後回想起來，我會不會很遺憾？

最後，我做了快篩，戴上N95口罩、包裹好外科手套上路。坐在天成大飯店現場，五十人的會議廳，來了七十幾個人，兒文界的夢幻大咖都出現了，阿寶老師好開心啊！我忽然這樣深沉地感謝，謝天謝地，我在！這可能是我一生很難或忘的盛會。

二　把「此時此地」當史料在經營、整理

萬卷樓十年整備，編輯非常用心，《林文寶兒童文學著作集》先出兩輯，接下來將持續出到五輯。可以說，是我們這個世代留給下一個世代的兒童文學經典寶庫。中華民國兒童文學學會又在學者的涵養中，為二○二二年一月十九日這場盛會注入活水，增添難以計數的美麗。

邀得杜明城老師主持，實在是亮點！從阿寶老師眼中分類，只分成「愛讀書」和「不讀書」兩種變成現場議題和對話的通關密語。江福祐穿梭在現場拍照，還自嘲說，杜老師少說了一種，就是像他那種「皮癢又欠罵」的，疫情漫天，他堅持「老師發表會比上課重要」。

自費找代課老師後，在現場做影像紀錄，此時相遇，心裡特別暖。

學會理事長許建崑把這十八本書形容成十八般武功秘笈，厚厚的書法原稿，字體漂亮得不得了；陳正治老師的四書分享，屬於阿寶的「買書」、「看書」、「寫書」、「編書」，現場所有的人幾乎都可以再加上「贈書」，他是堪比「五柳」的「五書先生」；現任兒文所所長王友輝遠從臺東趕來，盛情可感；邱各容和阿寶亦師亦友，一路同行；小魯負責人沙永玲，回想起那段論述出版熱絡、人人都在讀論文集的往昔，一起在論述裡開新局，像所有的革命，都藏著讓人眷戀的熱血。

能夠擔任唯一的學生代表，我既驚且喜。還是有這麼多的孩子有這麼多想望，杜老師體貼地讓每一個人自由分享。夏婉雲分享了和老師一起赴中交流，停駐在每一站、每一個書店，他腦子裡想像的都是學生的論文議題相關專書，努力為大家帶書回來，延續這種「送書」傳統；一向稍覺自己「憨慢」的施養慧，想清楚想要說的話時，會已經散了，我站在會場門口聽她分享。人在德國，阿寶仍然關心她的創作，忍不住想，這位神秘的老師，到底如何分區、分層，把學生們存活著的此時此地，都當作史料在經營、整理，並且慎重保存？

三　仰望一座星系

回想起阿寶老師的青春時候，迥異於目前兒童文學界熟悉的師專體系。他出身開放的輔仁大學中文系，才華洋溢，睥睨一切，卻又能彎下腰來，耐性而專注地下苦功，鍾愛童蒙教材的研究。《千字文》從「天地玄黃，宇宙洪荒」開始，他自己也在除了日本以外的大半東亞世界對兒童文學的觀念、研究和學術氛圍都未成氣候，放眼四地，仍然一片荒蕪時，遠赴臺東，從師專、師院到大學，始終專注於「兒童文學」教學。這近半世紀的堅持和執著，用一種接近於宇宙大霹靂

的爆炸方式，無中生有，創造可能，確立兒童文學星系。

　　他做事極有方法，循著文字體系、學術體系，擴大到人文體系。看起來像在無限星塵中隨機遇合，其實環繞著中心信念，所以才能形成嶄新的宇宙。

一、文字體系：從論述、文獻、學刊、專著到書系企劃出版，只有文字，才是最踏實的搭築。

二、學術體系：一九九七年，創設亞洲第一所「兒童文學研究所」，通過感性的「文學獎」到理性的全國論文綱要總整理，促成創作和論述的同步進化，經歷四分之一個世紀，形塑出前所未有的風景。

三、人文體系：從研究室的啟蒙、座談會的交流、論文研討會的撞擊到兩峽兩岸的薈萃，形成更龐大的研究團體，參與歷史整理，刺激新生的方向；並且打破侷限，注入跨界活水，深知兒童文學本身無法獨立，如果缺乏其他學科的撐持，路就走不寬，也走不遠。

　　因為這些努力，慢慢蓬勃發展出來的兒童文學圈，全都在這樣一座星系裡，無止盡地生養出嶄新的可能。很多人以為，團體的發展強大，一定會湮沒個人。阿寶老師已經變成傳說般的大宗師，慢慢隱退。其實不然，這一次的新書發表會，他像一顆巨大的恆星，以自己的努力，閃爍兒童文學星光。

　　藉由這個機會，特別想和大家分享老師的研究成績：

一、核心的信念：他堅持的「主體性」，讓我們在臺灣、兒童、教育、文學各方面，看見自己與他者、邊緣與中心的對照和確定，並且在臺灣兒童文學史的建構、分期與解讀中，讓我們充滿自信地突浮於世界兒童文學領地。

二、文學的底蘊：阿寶老師是一個非常細膩的文學創作者，遠避東

土，江心月明。他的筆名是「江辛」，一條艱辛的路停在江心，只能一直一直往前行。他關心兒童成長與發展、文學本質、閱讀探討、語言應用；最特別的是詩教育，那是生命的穿透和超越；並且在敘述、敘事與故事、童話的經營和價值，不斷挖掘深刻的意義和寬闊的可能。

三、學術的創見：最重要的是，他綜合整理兒童文學的教育性、兒童性、文學性，並且獨創出「遊戲性」，活化了一切可能，也豐富了跨界的文化場域。

四、扎實的史料：九歌「現代兒童文學獎」和「兒童書房」的臺灣觀察；各種兒童讀物和書系研究；最辛苦的是書目整理，那是晦暗的夜空中，無限耀眼的輝煌。

完成碩論，準備在萬卷樓出版《兒童文學的遊戲性：臺灣兒童文學初旅》時，老師建議我找杜明城老師寫序，匯入世界活水。杜老師為這本書寫的序，題目是〈星垂平野闊〉。時間悠悠流過，我們就在這片星系下，自由行走在我們的生命平野，無限延伸，無邊寬闊。

——原刊於「黃秋芳的巨蟹座水國」，2022年1月19日；轉載於《火金姑》，2022年春季號，2022年3月；部分摘錄發表於《國文天地》第37卷10期（總442期），2022年3月。

卷三
一些星雲的微光

秋芳和珠珠

林文寶

　　當主編徵詢我，是否可以為《床母娘的寶貝》寫序時，我記起：很久以前（總有整整一年吧！）就聽說《床母娘的寶貝》要出版，但在左盼右望中，似乎一直不見蹤影。當時，秋芳曾熱情盎然地敘說創作緣起，以及所謂的成長三部曲。其實，這還是典型的「珠珠風格」。

　　秋芳成名甚早，早期以書寫成人文學為主。其間，她開過漫畫屋、寫過小說、四處自助旅行。後來，成立「黃秋芳創作坊」，以作文教學為主。

　　有一天，她突然結束工作室，莫名其妙地跑來臺東就讀兒童文學研究所，一讀就是四個暑假。她真的全心全力地讀了四年書。同時，也糊里糊塗地鼓勵同學暫停工作，全心向學。這時的她，在網絡上化身為珠珠。珠珠充滿理想的色彩，以及務實的傻勁，又是個生活中的弱智者。

　　四年後，「黃秋芳創作坊」重新開張。這時候的珠珠，披上兒童文學的外衣，自顧自去教作文了。於是，那個熱情盎然、全心全力，但又糊里糊塗的珠珠，停留在文字裡，蛻變為「床母娘」，並且成為「永遠的小孩」，也永遠為更多的小孩堅持努力下去。床母娘，就這樣成為秋芳創作的鮮活魔法。

　　根據民間傳說，床母娘，祂是兒童的守護者。專以照顧出生後至

十六歲這段時期的成長。

床母娘娘雖然是傳說中的人物，而珠珠卻是生活中的真實人物。聯繫到真實時空，是兒童文學中，重要、卻極容易背忽略的因素。長久以來，我們就是一個失憶的族群，缺乏歷史與記憶。我們過度彰顯專家，學者與政客；卻少見務實的力行者。我們只是一味的奢談競爭力與全球化，卻不知無形中已淪為文化殖民。

教育的宗旨，不在競爭力，也不在全球化；而是在於成為一個人，成為一個人——生活在真實的現實世界裡的人。處於現實的當下，全球化是不能避免的事實，重要的則是文化傳統的人文素養。

現實的日常生活中，喜怒哀樂交織，最重要的是我們不能失去信心。雖然，我們的信心，有時舉棋不定，有時瞻前顧後，甚至有時會不知所措。但只要我們有尊重與關愛，信心就不會消失。

最後，我禁不住要說：教育不是「從外面強注於兒童」與「完全放任兒童」之間的選擇。教育的任務是在「引起兒童個人的真實經驗」。對兒童而言，只要可以舞動、品嚐、觸摸、傾聽、觀察，並且感覺周遭的各種訊息，孩子們幾乎沒有學不會的事情。因此，寫給兒童看的書，不是為了教訓兒童；而是為了引起他們的注意力和好奇心。而其中的關鍵所在，則是在於尊重與關愛而已。

無論是床母娘珠珠、曾寶貝、任何一個書中人物，或者是真實世界裡的我們，尊重與關愛，成就了我們全部。

——原刊於黃秋芳：《床母娘的寶貝》（臺北市：親子天下，2008年7月）。筆者時任臺東大學人文學院院長。

小床母的文學預言

　　九歌出版社的書，對我來說，最夢幻的應該是「童話列車」吧？遇見列車長徐錦成先生，搭上這班純真夢幻號，遠遠仰望著第一號乘客——鄭清文，臺灣文學和兒童文學牽手的開路人，學著在天地魂魄間，凝視生命的微細起伏，看千絲萬縷情意牽纏。

　　搭上「童話列車」的這本童話集《床母娘珠珠》，幾乎等於是我半生回眸的文學預言。

　　純真、熱切、專注、迷糊、一路跌跌撞撞的小床母珠珠，在萬般落空疑無前路時，收到南極仙翁的快遞。四種法寶，仿如臺灣這四十年的文學素描。在解嚴前的晦暗中，依賴閱讀，用「歡歡洗腦刷」做腦部按摩，忘記傷心、恐懼；解嚴後，灑上「安寧冷精」，用書寫安住生心；而後隨著文化的休養生息，讓「如意桃木劍」為陪伴與守護注入不可思議的靈能；最近十年的「如意屏」，在後現代的紛繁拼貼中，透露出信任和溫暖，讓我們重新拾起勇氣，繼續走下去。

一　歡歡洗腦刷，九歌的第一個十年

　　臺灣解嚴三十年了，我們一起經歷半甲子以前難以想像的歷程。

　　就在戒嚴最後十年前後，臺灣文學出版業「五小」先後成立，和狄更斯《雙城記》的年代這樣相像，最好和最壞、智慧和愚蠢、信仰和懷疑、緊繃和碎裂、光明和黑暗並列，充滿希望，也令人絕望。幸好，還有純文學的長河小說、大地的傑出翻譯、爾雅的精緻淳美、洪

範的文學典範和九歌的文學孕養，讓我們棄絕地獄，擁抱文學，在日漸升溫的繁華裡，慢慢走向天堂。

九歌的第一個十年，我閱讀，如「歡歡洗腦刷」的腦部按摩，掙脫戒嚴侷限。在十五歲到二十五歲間，最乾淨的青春時候，隨著九歌溫厚瀟灑的人生隨筆，為生命信念，確立一種看遍人生的清靈洞明。

喜歡看吳魯芹瞎三話四、淺調低談，在雞尾酒會和師友文章中，有一種無須盡說卻綿延迴盪的溫暖；隨著王大空的笨鳥，慢飛、再飛、滿天飛，讓我們在不算如意的現世人間，從不忘記天空的寬闊；方瑜在昨夜微霜的回顧，葉慶炳「晚鳴軒」的詩詞、誰來看我的莞爾、我是一枝粉筆的坦然，幾乎就是臺大中文人的集體記憶。

最難忘的是琦君的溫淳惆悵，深切揭露了時間背後的抑忍與悲傷。有一年她回臺北，看著我的鞋子歡喜不已地問：「這鞋很舒服吧？」帶她到阿瘦皮鞋店，看她一口氣買了近十雙鞋款不同、尺寸不一的鞋子，不知該送給誰，只是兀自開心：「有誰來看我的時候，喜歡又穿得下，就帶走吧！」

這時，母輩的寂寞已然成為她的寂寞，母心似天空的遙遙追念，早已成為她日常的關懷與實踐。時移歲往，這樣的寂寞和付出，不也慢慢都成為我們共同的負擔？

二　安寧冷精，九歌的第二個十年

大學畢業後，我居無定所，一個工作又一個工作，一個城市又一個城市，一個月或三個月，最多半年就是極限。師友朋輩久未相見，總習慣探問：「你在哪裡？」

那些時，「希代」的朱寶龍先生喜歡聽故事，總是在這個故事、那個故事的縫隙裡聽見光亮。就是他陸陸續續寄來的預付版稅支票，

支撐我所有天涯海角的夢想，在每一個異地行走著。只要天黑，我就關在一方小小的書桌靜靜寫字。透過一篇又一篇採訪稿，建構著世界的張望和想像；散文和極短篇，速寫靈光直覺；所有的小說，都是糾纏在靈魂裡的爭執和奮鬥。

解嚴後，文學世界花繁色豔，四地都是撞擊和波瀾，就在九歌的第二個十年，我寫作，如「安寧冷精」，走到哪涼到哪。年光浮塵，在字紙間化成小說、散文、採訪，累積成一本書又一本書，一個出版社又一個出版社，「漢光」的詩詞古典，「爾雅」的童詩旅程，以及纏綿在小說裡的一生愛戀，「聯合文學」的都市迷惑、「草根」的土地鄉愁、「小說創作」的青春摸索，各自長出不一樣的臉模，仿如流動是一種宿命，文字，成為半生日記。

從日本回來，成立「黃秋芳創作坊」，把都會的漂流種植成小鎮的安住。辦讀書會、土地訪談、社會運動、兒童文學探索，曾經迴旋在小說、散文裡的小我浪漫，慢慢發酵出論述、教學的大我期盼。「萬卷樓」的論述，「國語日報」、「螢火蟲」、「大樹林」和「富春」的文學教養……，在臺灣的文學汪洋邊，拍岸的浪花泡沫，成為一段又一段歷史的風景。

三　如意桃木劍，九歌的第三個十年

「黃秋芳創作坊」經營十年，像春蠶吐絲，一點一滴壓縮著自己的時間和心力。

暫停下工作室的多元跋涉，走進兒童文學研究所的嶄新殿堂，在論述和創作間拓墾出雋永清新的少兒領地。九歌，成為更換跑道的幸運符。〈床母娘的寶貝〉獲九歌年度童話獎；〈魔法雙眼皮〉獲九歌少年小說獎；連續三年，編撰《95年童話選》、《96年童話選》、《97年童

話選》，接生在「九歌少兒育嬰房」的這些書Baby，無論是年度童話、床母娘珠珠，或者是邊緣女孩陳明瑜，都是我最鍾愛的孩子。

　　童話神靈小床母，纏繞著天地牽絆，在淳美永恆中交疊迴盪。一如徐錦成為《床母娘》寫的序：「床母娘珠珠的首部曲，是一個暫時的結集。床母娘總也不老，可說的故事還很多。黃秋芳若不接著寫，等於手握如意桃木劍卻不施展，白白糟蹋了上天的禮物。」

　　小說角色陳明瑜，從《魔法雙眼皮》的叛逆茫然、《不要說再見》的疼痛淒惻，延伸到新生代《向有光的地方走去》的掙扎奮鬥，上一代到下一代的三世情纏，以至於接續在三部曲之後各種少年小說小短篇，全都繞在這些親疏友朋人際脈絡裡，交錯糾結。從中文系跨界到兒童文學研究所，歷經少兒世界的童詩、兒歌、童話、少年小說的各種嘗試，在九歌的第三個十年，像執掌著如意桃木劍的小床母，全心全意的守護與陪伴，蛻生出純真信仰。

四　如意屏，九歌的第四個十年

　　每一次出入九歌，和掌門人蔡文甫先生打個招呼，就是最安心的印記。最後一次相見，是在陳憲仁先生的退休宴後，看八十三歲的蔡先生，一個人搭高鐵來回，不需攙扶，一派溫舒從容，在聲光引誘繁複、破碎雜學糾纏，大半的電子媒介越來越張狂的不安年代，他就像古書上走出來的幽雅書生，留下傳奇，悠然自在地看新世代慢慢接棒。

　　跨進九歌的第四個十年，心態上，還以為自己是那個純真、瘋狂、無所謂跌跌撞撞的小床母，身邊已然出現更多更青春更熱切的新聲後浪，體能豐沛地把我們往前擠進王母娘娘、七星娘媽、南極仙翁……那個遙遠的傳說世代。所以，依傍著卡爾維諾為下一輪太平盛世題寫備忘錄的精神，我們也開始準備「南極仙翁的快遞」，為下一

個文學世代，舖墊出豐富的閱讀滋養。

和九歌簽訂「對字，多一點感覺」書系，引領著我們的孩子，對字、對生活、對無限的可能，多一點感覺；和創作坊團隊夥伴一起出書，我習慣不領支票，把版稅全額換書，用來整建和創作坊孩子們一起起造的閱讀宮殿；看著團隊夥伴放大影印版稅支票，作為送給父親的壁掛裝飾時，心裡生起無限迴圈，彷彿融進了文學長廊，遙想吳魯芹的師友文章、王大空的笨鳥慢飛、琦君的母心和佛心……。

連續幾年，參與九歌少兒小說獎決審，掙脫「兒童文學」的假想和框限，相信「好的文學」有一定的標準，為少年小說撿選出多元嘗試又能系統依存的未來。像如意屏，奢想著「看一眼，用永遠，看一次，用一世」，收納生命的祕密，讓小說成為模擬人生的答案。

四十年流光一瞬，謝謝九歌。這四十年，因為九歌，我們竟可以為所愛的人、為關心的世代，寄出不知道甚麼時候、也不知道對誰會有幫助的「未來快遞」，這真是最美麗的幸福。

── 原刊於李瑞騰、陳素芳主編：《九歌四十：關於飛翔、安定和溫情》（臺北市：九歌出版社，2018年2月）。

搭上童話列車的床母娘

一 「揹財庫出世」的查某囝仔

我出生在高雄旗後，這裡是父母親想望而後不曾回歸的故鄉。

我的母親「葉便」是童養媳，家裡環境不好，在環境困窘家庭中生長，孩子們多半營養不良。大人們對孩子的幸福定義就是生活能夠富裕，一生無所匱乏。我出生那天，接生產婆一抱到我，看到我背後有一條看起來形似包袱狀，相當明顯的紅色印痕，這痕跡不是胎記，因為胎記不會退，但我身上現在已經看不到這印痕了。據說產婆看到這痕跡後就很高興地跟在場的人說：「唉呀！這個查某囝仔是揹（phāinn）財庫來出世喔！」

自我出生起，這個傳說就不斷地在眾人的耳語閒談中一再複述。我慢慢相信，「揹財庫出生」這樣的說法，像是一種預言。人出生的時候，常常可能會有一些看似荒誕、而後不斷迴旋的預言隨同降臨。對我而言，這樣的預言有兩個意義，第一、在真實裡，突顯出我所出生的時空是相當貧窮；第二、在我的精神上形成逆轉，這樣一個預言，在我日後每場人生轉折中，成為基礎信念，讓我相信，我是「揹財庫出世」的女孩，因此生出一種「千金散盡還復來」的自信，這自信讓我在很多時候，活得相當「揮霍」，相信自己一生將不虞匱乏。

三歲時，父親黃天寶在美商慕華公司的工作趨於穩定，我與母親、兄姊一起搬到苗栗。在我的記憶中，父親是個任性的孩子，具有日本男人在家庭裡的那種絕對權威。在他的標準裡，家裡永遠是要窗

明几淨的，而第一流的女人就是很會打理家務的那種類型。我想，我是完全達不到父親標準的那種女兒。父親對我的晏起、不會服侍家中男性長輩、就讀臺大中文系，甚至交什麼樣的男友都不滿意。更因為我交了他不認可的男朋友，將我的戶籍從家中遷出，不曾知會我，就直接郵寄給大哥。大哥就這樣默默接收我的戶籍照管。

跟父親相處的種種磨擦，等到他日漸年邁後才開始轉變。熟齡後的爸爸，變成一個小孩，任性的小孩就有各種可以討好、讓他開心的方法了。這時，我只要逗他開心，再也不用遵循他的規則了。

二 學習，人生路上的恩師

在我文學創作的道路上，有兩位恩師我一直難忘。

第一位是一九八〇～一九八四年就讀大學時期的裴溥言老師，當時裴老師教授《詩經》課程，我在那堂課上得到九十分的佳績，深獲裴老師讚賞。而裴老師對我的第一個影響是「公在天下・天下為公」，教我在思考的時候，大環境的重要性高於小環境，且長期的影響大過短期的影響。

再來，裴老師對我的第二個影響是「付出為樂」，讓我理解：「我願意付出的，永遠是因為我快樂，也因為我做這件事，我安心。」而裴老師的身教也讓我感受到，他從來不會記得他給過別人什麼，對於付出甘之如飴。

至於第三個影響則是「活在當下」。這個影響我想我可以舉一個比較生活化的例子來說明。近年來參加我的創作坊的人際圈主要以軍公教為主。這個階層的人平常很愛問我在哪個瑜珈教室上課，或問我怎麼養生，我通常都答說：「我的養生教室在裴溥言教室」。這是什麼意思呢？其實裴老師一生都不強調養生秘訣，她一直到九十幾歲的時

候，還自己去印製講義，教外國人學習中文、書法和國畫，而且是免費教授。裴老師以付出心智和努力作為養生的方式，裴老師告訴我，他既沒有老花眼，也沒有裝假牙，也讓我體認到「活在當下」顯然是這世界上最具功效的養生秘方。

活在當下，讓我不需要在我年紀輕輕的時候就擔心老了要怎麼辦，老了會退化，老了會完蛋，我不需要提前為這些不可測知的未來作準備。我想起很久以前，我曾刻過一方印章名為「煙雲供養」，「煙」講的是字紙之間墨色的奔跑，如煙似雲。而受煙雲供養的人們呢？他們在年歲漸長以後，沒有心煩的事，沒有侷限、沒有痛苦，他們把心寄託在繪畫上，煙雲供養會使一個人快樂、神明清楚、無疾而終。我常常認為能夠完美演繹煙雲供養的人物就是裴老師，他對我人生也帶來相當大的影響。

三　多元，心智途中的恩師

如果說裴溥言老師對我的影響是人格上的影響，那研究所時期的指導教授林文寶老師對我而言，就完全是做學問的影響。

林文寶老師創立臺灣第一所兒童文學研究所，曾看過我寫的小說集《九個指頭》，內容描寫一個漫畫屋的成型與發展，也看過我寫的武俠研究和漫畫討論，因此非常期待我可以去他新創的研究所做青少年的次文化研究。林老師告訴我以武俠為研究主題可以，臺灣文學也可以，漫畫也可以，總之希望我快點報考，他會給我推甄資格，讓我順利保送。我開開心心地回答：「我很會考試，不需要保送。」

當時父親住院需要我照顧，所以沒有立刻入學。二〇〇〇年我才暫停「黃秋芳創作坊」的工作，放下一切雜務，前往臺東大學就讀兒童文學研究所。

入學之前，林老師期待我可以在青少年次文化和臺灣文學和兒童文學的聯繫上找出新路，給了我很多機會在論文研討會和論述專輯發表武俠、漫畫、臺灣……各種研究主題，並且點出我的論文「沒有邏輯」。這是我們師生對談中，讓我最懷念的地方。林老師說得沒錯，大學時代我修習的邏輯學課程，真的是低分通過。就讀研究所四年期間，跟著阿寶老師學做學問，過得相當扎實。

碩士論文是我的心血結晶，為了它，我放下了所有工作和活動，最終完成臺灣兒童文學整體建構，論文共二十餘萬字。論文撰寫期間，就有兩、三間出版社想幫我出版，最終，在老師的推薦下，我的碩論《兒童文學的遊戲性——臺灣兒童文學》，選擇由萬卷樓出版，並由杜明城老師撰寫序文。

而後不斷有中國研究生在讀完後，寫信和我討論這本書，並且詢問如何取得我的碩士論文？原來，他們都以為，已閱讀的《兒童文學的遊戲性》是我的博士論文，想補足來不及看到的碩論。我想，這樣的驚豔和稱美，我都得感謝阿寶老師對我的論述邏輯深入的捏塑和雕鑿。

四　青春的流離與璀璨

回想起來，我的創作路在大學畢業後一直走得很自在，起點應該是在桃園的「春雨」藝文中心。

「春雨」地佔市中心一整棟大樓，地下室是茶藝館，一樓租給鐘錶公司，二樓是畫廊，三樓以上就是書法、美術教室，頂樓是咖啡廳，整棟樓的活動大多與藝術相關，欠缺的環節就是文學。負責人蕭芙蓉是一位很棒的畫家，那時我的小說剛得到教育部文藝獎首獎。我們聊得很開心，她問我是否願意為「春雨」做藝文顧問，每個月策劃

閱讀專題，找出十本書放置在書架上，為這十本書寫導讀，我還加上浪漫得不得了的文青小語，希望讓別人進入茶藝館後，渴望翻閱這十本書。

當時，我在臺北泰順街租了棟陳舊的日式屋子，龔鵬程住在對面，散步時很容易遇見詩人羅門、蓉子夫妻，可說是藝文匯萃。但我喜歡流動在陌生地景租住一個月，白天閒逛閒走，晚上寫小說。蕭老師囑我退掉租屋，為我在「春雨」附近租了個二十八坪公寓五樓，任何時候回到桃園，期盼我到茶藝館寫作。公寓一整層完全不做隔間，鋪上塌塌米後，我找了木工釘出三十個三十公分和六十公分兩種不同規格的大箱子，可以橫擺、直擺，兩個三十公分寬的箱子直式拼起來，如同「變形金剛」般和六十公分寬的箱子疊合、重組，迅速變身成書架、鞋櫃、展示臺……。整齊的原木色澤，因為數量變多了，一時都生出「古雅素樸」的書卷味。運用這些高高低低的木箱子，隔出書房、客房、主臥室，漂亮的原木隔牆變身為衣櫥、書架、電視櫃、儲藏室……，單個拆開，鋪上座墊就是素雅的和式椅，後來這些木箱子跟著我，從臺北、桃園、龍潭、中壢、楊梅、平鎮……，流動在顛簸的歲月裡仍然美麗。

茶藝館的角落有一張風情別具的「作家角」，永遠點著燈，當我想過去的時候，可以在角落做我想做的事情，我若不去，燈也永遠不會熄滅，有一種暖暖的波西米亞風情；加上茶藝館有廚師駐點做餐，無論何時過去都有餐點吃，最讓我驚喜的是，每個月付我一萬五千元的顧問費，足以撐持我在流動中自由創作。現在回想起來，真覺得與「揹財庫出生」的預言相互呼應。

一九八七年起，我正式在桃園春雨藝文中心擔任藝文企劃，另外也做過示範教學，沒有範本，一切都按照我「想像」的作文教學模式進行。蕭老師根據我的需求，打造一間設有原木地板、和式桌、開放

式的教室，教學過程中不發給課本、不提供範文，我不想文學創作被固定的模式框住。

我人生中的第一堂作文教學課程，就是「示範教學記者會」。來了上百人，除了記者、老師、學生家長之外，各種名流、國大代表的孩子們，好奇又不馴地匯聚在一起。我就從這時候這個起點，開展出很不一樣的文學教育。

五　漂流與駐留

自一九八八年起，我在以出版風水書起家、而後又以「小說族」打開知名度的希代出版社，出版了十幾本著作。和負責人朱寶龍先生見面，非常難忘，他喜歡聽我說故事，給了我一大片自由創作的天空，讓我以純文學小說，走出新的可能。寫了《我的故事你愛聽嗎？——黃秋芳小說集》、《金針菜——黃秋芳極短篇》、《吻痕如刀》、《蓮花》這些小說後，當時以「臺灣」為主題的創作還是禁忌，朱先生卻大膽地讓我自由找了十個人對他們進行採訪，與其他研究者撰寫的臺灣論述共同出版論述採訪集《我們都是臺灣人》，那是一九八八年，解嚴前兩年。現在回想起來，朱先生真的有「前行者」的眼光和膽識。

當時我還寫了一些結合讀書和人物採訪的稿件，都不是先有預定出版的計畫，而是在系列完成後，擲寄給《自由青年》和《明道文藝》，附上說明：「可以退稿，不能刪改。」我希望我原先已設定的作品方向可以照我期待的方式「面世」，畢竟主題、內容一致，才能以系列的力量形成影響。

在日本時，讓我記憶最深刻的事，就是採訪臺獨聯盟的相關議題。當時我採訪的對象慣用語言為臺語，我卻無法以流利的臺語提

問，後來還是靠第一個在大學教授臺灣文學成為黑名單、而後流浪在日本筑波大學反覆望鄉的張良澤，居中協助、翻譯。有時他沒時間，竟找了位日本人當我的採訪翻譯。經歷我講華語、而日本人幫我翻譯成臺語，並對受訪者提問，然後再由這個日本人翻成華語給我聽，這一幕讓我真的很想哭，實在難忘。而後下定決心，一定要在短時間內學會講臺語。

幼時的我，對語言、族群的感受度很低，後來經歷很多語言、族群的矛盾和衝突情境，對學習臺語、客語，生出「捨我其誰」的迫切感，對異質文化之美也深有所感，如果談起我對多元文化的看法，那就是期待「每一朵花都美麗」。

一九九〇年從日本返臺後，我開始打造「黃秋芳創作坊」，經營各種人文活動，像家家酒般夢幻的人文場域所。從「老街溪文化之旅」開始，認識土地，讓文字和生活共生，透過長期的「文字人間」採訪研習，結集出版地方報導《我們的桃園》，還有地區讀書會領導人手冊《我們的花園》、以及和桃園知名漫畫家林小呆聯手發行的《桃園漫畫拼圖》等書。

完成兒文所學業後，生命轉彎，不再像以前這樣盛大排場辦活動，而是微物聚焦。完成以《山海經》的崑崙山為背景的《崑崙傳說》三部曲、以玉山為背景的《太初傳說》，再續寫以西山三經為背景的《天山傳說》；透過《有了詩就不一樣：來讀詩經吧！》、《做自己的煉金術師：來讀論語吧！》整理經典；二〇一九年籌辦「小說拾光」寫作會，藉著陪伴學員凝視駐留時，也回到自己的小說河道，用《小說拾光》和大家一起整理漂流的生命回眸。

—— 節錄自《桃園文獻》第10期，2020年10月。2020年8月20日訪談，陳世芳紀錄，黃秋芳刪修整理。

流觀山海經看崑崙山

林文寶

《山海經》猶如天外奇書，全書三萬多字，字裡行間皆令讀者嘖嘖稱奇。

這部古籍如何形成？其實至今學界仍覺得一團謎，從原始資料如何採集，又是誰編輯成書，乃至後來流通的方式。雖然畢沅說：「作於禹益，述於周秦，行於漢，明於晉。」但在歷史文獻上仍有相當分歧的說法。唯一大家承認的，就是《山海經》曾配合《山海圖》，採用條列式文字，配合那些描繪奇形怪狀的圖樣。陶淵明曾作《讀山海經》十三首，其中一首的末四句：「泛覽周王傳，流觀山海圖。俯仰終宇宙，不樂復何如？」說明了原本《山海經》正是富有圖卷的，而目前通行的《山海經》，也都是以圖鑑的形式呈現。

《山海經》的內容稀奇怪誕，不只是講述地理山川，更記述奇山險地存在何種奇禽魔獸，涉及巫術、宗教、歷史、民俗、風土、礦藏等面向，更是神話之淵源，可譽為當代幻想文學中靈感寶泉。

秋芳新作《崑崙傳說》問序於我，令我驚喜交加。驚的是她總算又執筆寫作，喜的是竟是《山海經》的故事！多少人曾以《山海經》為依據書寫奇幻故事，就兒童文學而言，皆流於單篇，缺乏恢宏的長篇。今秋芳三部曲，正是我企踵以待。

今就其中主要角色介紹者，見其《山海經》出處：

陸吾，卷二〈西山經〉：「西南四百里，曰昆侖之丘，是實惟帝之

下都，神陸吾司之。其神狀虎身而九尾，人面而虎爪；是神也，司天之九部及帝之囿時。」

開明，卷十一〈海內西經〉：「海內崑崙之墟，在西北，帝之下都。崑崙之墟，方八百里，高萬仞。上有木禾，長五尋，大五圍。面有九井，以玉為檻。面有九門，門有開明獸守之，百神之所在。在八隅之巖，赤水之際，非仁羿莫能上岡之巖。」

英招，卷二〈西山經〉：「槐江之山，實惟帝之平圃，神英招司之，其狀馬身而人面，虎文而鳥翼，徇於四海，其音如榴。」

欽原，卷二〈西山經〉：「崑崙之丘，……有鳥焉，其狀如蜂，大如鴛鴦，名曰欽原，蠚鳥獸則死，蠚木則枯。」

至於白澤，不見於《山海經》，完整的故事見於宋代《云笈士籤》卷一百〈軒轅本紀〉：「帝巡狩，東至海，登桓山，於海濱得白澤神獸，能言，達於萬物之情，因問天下神鬼之事，自古精氣為物、遊魂為變者凡萬物一千五百二十種，白澤能言之，帝令以圖寫之，以示天下。」

崑崙山是神話傳說中天帝在人間的都城，也是諸神聚集的地方，還存在著各類奇異的動植物。位在於海內西北方向，沒有一定修為的閒雜人等，不可能踏上崑崙山，山方八百里，每一面都有九井和九門，每一道門，都有神獸把守。

作者以《山海經》描述角色的隻言片語，再以崑崙山為場景，企圖揮灑成《崑崙傳說》三部曲，她的浪漫情懷在這次的改寫創作中一覽無遺，星星樹和漫天花雨，奠定整部故事偏向童話基調。

除此，文字的處理與選擇精準得當，用詞遣字更與情節同調，華麗繽紛卻平易近人，沒有古典文字的晦澀難讀；選擇的語調也偏向輕鬆幽默，宛若調皮的秋芳親自說著故事、陪伴著孩子共讀。整體的情節設計與文字挑選，肯定能讓讀者能在非常舒服的閱讀狀態下，享受

秋芳所創造出的綺麗幻境。

　　秋芳選擇了開明成為整部小說的主角，從他的誕生開始，展開整個故事的序幕。他在崑崙山所遇到的朋友、所經歷的事件，都是一個個有趣的章回故事。開明如何在這些事件中成長，或者他又要遇到什麼樣稀奇古怪的朋友，也會是一大看點。整個三部曲的鋪陳，相當吻合孩子的成長經歷，想必會有相當的共鳴。

　　如果你意猶未盡，那就耐心等待下回分解；又如你不服氣、不甘心，或是迫不及待想知道更多，那就拿取《山海經》文本或搭配圖鑑，自己走進入崑崙山的傳奇，放縱自己，任由《山海經》的奇禽異獸奔馳於你想像的幻境，編織屬於你的崑崙傳奇或《山海經》的神話世界，而後故事將流轉、想像不歇。

—— 原刊於黃秋芳：《崑崙傳說：神獸樂園》（臺北市：字畝文化，2020年7月）。筆者時為國立臺東大學榮譽教授。

且將缺憾還諸天地

林文寶

　　秋芳以《山海經》描述角色的隻言片語，再以崑崙山為場景，揮灑成《崑崙傳說》三部曲。她的企圖恢弘，遠溯天地初成，總想「多做一點點」的遠古神靈，因為一些難以察覺的小偏差，引出驚天動地的大災難，雖然努力想找出問題，儘量彌補，可惜，愈插手就愈複雜，到最後大家立了血誓，不再干預天人更迭，伏羲、神龍、女媧……，各自遠遁太虛，於是有了崑崙山。

　　崑崙山是天帝在人間的都城，也是諸神及各種奇異生靈聚集的地方，成為神靈界連接人間的神秘轉口。四個大門、五個通道，滿足神、仙、精靈的各種需要，同時也存在各種危機和挑戰。幸好，天帝委託陸吾管理，守護崑崙山周圍三千里，掌管六界九大神域，堅守警衛守則：負責、低調、守護於無形，決意奉獻一切，讓神界諸靈安心定居。

　　然而，遠古洪荒，有太多的執著與戰爭、勝利和失敗，也藏著太多的不服氣和不甘願，對人間仍帶有太多遺憾和牽掛。主角開明歷經三次重生，尤其在白澤誘導他打開「洞察萬物」的能力，觀看了盤古、燭龍、女媧、共工、祝融、應龍、女魃的過程，也知道陸吾、英招曾參與戰爭，在「九敗不勝」與「威令必勝」之間權衡，皆是出之於「愛」的理由，於是有了《神獸樂園》的首部曲，相信每一種生靈都有權利選擇自己的生活方式，只要大小生靈深以自己是崑崙山的一

員為榮，崑崙山就會成了真正的「神獸樂園」。

而後，開明的關注及於四境。夸父、蚩尤、刑天、燭龍，都有悲抑難申的過往，他們堅強而不服輸的性格，也都觸動開明的心弦。世上確實有些無可奈何卻又相互抵觸的事情，於是有了二部曲《妖獸奇案》。開明來不及長大，白澤就讓他照顧一對比他聰明、又更會闖禍的雙胞胎，還要解開燭龍之子「妖獸竅竅」、「不死藥」和「開明六巫」的謎題。

至於第三部曲《靈獸轉生》，結構和劇情急速轉向，且又似乎合乎在數位時代的圖書中的三個特點：關聯性、互文性與廣泛性；而每個特點又涵蓋三個變化：視角的變化、界限的變化與形式的變化（參見麗貝卡‧J‧盧肯斯、傑奎琳‧J‧史密斯、辛西婭‧米勒‧考甫爾著，李娜譯：《兒童文學經典手冊》（北京市，商務印書館，2019年3月），頁60-67）。

可以說，三部曲可獨立，但亦互有關聯性，且互文在其中，又指涉頗為廣泛。主角開明一路歷練、成長，到了《靈獸轉生》，隱然已是陸吾化身，崑崙山的小總管，開始學會什麼都不做。就像陸吾，大部分的時間都是讓大家自己做、自己想。因此，在第三部曲裡，他已不參與，只要學會理解，真正登場的則是白澤、羊過與吉羊、如意。

白澤在《崑崙傳說》中，是智者、聖人、萬事通、人生導師，在崑崙山很少人見過他，他是崑崙山上的傳奇，是普羅普角色中的援助者，也是《內在英雄》中的魔法師。基本上，這種角色在文學通則裡，不會走上檯面，如今卻成為重要角色，且貫穿三部曲。我們知道，白澤不是《山海經》中的角色，出自宋代《云笈七籤》卷一百〈軒轅本紀〉：「帝巡狩，東至海，登桓山，於海濱得白澤神獸，能言，達於萬物之情，因何天下神鬼之事，自古精氣為物、遊魂為變者凡萬物一千五百二十種，白澤能言之，帝令以圖寫之，以示天下。」

　　這就是書中的「白澤獻圖」，搶救了千萬生靈。再往前追溯，白澤也是天地大戰後的遺孤。父母親在激烈戰局中以肉身環護著無防身能力的他，讓他保住一念清明，陸吾以「三陽開泰」助他起死回生。白澤在崑崙山南長大，日夜苦讀，袖底總攏了個精巧的小火爐，幾千年來，不知道救了多少人，還是惆悵感慨，生死磨難，怎樣救也救不完，但求盡己而已。

　　但求盡己，是他向陸吾致謝的方法。其實，這正是白澤心裡的缺口，他一直想得到一個機會，想辦法圓滿這個缺口。他知道羊過有一顆溫暖的心，願意為羊過打破成規，觸犯天條，希望這孩子可以離開崑崙山，到一個誰都不知道相柳、誰也不會用偏見來評價的新天地。當他在水晶鏡裡看到火鼠的「三陽開泰」，就知道機會來了！一生從不求人的白澤，為了羊過轉生，竟向兩位彩衣仙子作揖：「有事相求」，並自願幽囚在北海極冰處，受日裂夜凍之苦。

　　至於轉生的過程，浪漫、奇幻、冒險兼而有之。羊過轉生完成任務的一段話可做為見證：「人們尊敬白澤是孤兒莊園的大家長，他卻在幻境裡看見事實。原來啊！白澤一直用溫柔的母心在包容他，會不會白澤和他一樣，也是個來不及長大的孩子？沒人看過真正的白澤，會不會『他』其實是個女孩呢？他笑起來，是又如何？無論是男是女，白澤是他一生中最珍惜的相遇。」

　　白澤視角的轉向，以及缺憾的呈現，正是直指初心，更見其深度與廣度。在《妖獸奇案》中，神鳥離朱說：「我們走過開天闢地的荒洪榛莽，一起在戰爭與災難的生死邊界掙扎，只能在黑暗中學習、摸索。」

　　其實，遠古的洪流災，萬物生靈皆未能倖免、是非對錯皆難於分辨。諸多的無奈與缺口需要疏通，透過不同角色的選擇，秋芳企圖建構屬於自己的理想家園，作為招魂安息之所，一則抒發自己理想；再

則打造理想桃花源。這些意圖，除了書寫的基本能力外，必須具備淵博的知識、豐富的想像，更需要傻裡傻氣的天真和浪漫的理想主義者，否則不容易觸及「烏托邦」或「桃花源」的無瑕境界。

　　因為反覆閱讀、參與、學習、歷練、成長，這才觸發出我們對諸多缺憾的疼惜和聯想，才能深刻懂得，祈禱天地初成以來的萬物生靈，且將諸多缺憾還諸天地。

──原刊於黃秋芳：《崑崙傳說：神獸樂園》（臺北市：字畝文化，2020年12月）。筆者時為國立臺東大學榮譽教授。

希望和永恆，心靈版圖的流動

一　一切堅固都煙消雲散了？

　　會考的作文題目，幾乎成為關心兒童、關心文學、關心教育的人共同交匯的年度盛事。二〇二〇年的〈我想開設一家這樣的店〉，環顧全球瘟疫蔓延，臺灣算極少數正常運作的國家，還是有兩萬多人失業，更值得深入思索，我們開店，不只為了獨立自助，更為了在人世間添增溫度。

　　從蒸汽機推動工業革命，生活樣貌翻轉，第一部電影短片《火車進站》，記錄了宛如「蒸氣精靈」掙脫神燈後，帶給我們進步的願望和關於未知的恐懼。不到五十年，從蒸氣、電力到城鄉、階級、貧富的拉鋸，舊秩序崩解，新秩序來不及建立，現代性在十九世紀承受著各種價值觀的凝視和檢討，「蒸氣龐克」先知般地透過文學藝術提出各種預言，反覆的嘲弄和矛盾的辨證，滋養了惠特曼、易卜生、波德萊爾、梅爾維爾、陀思妥耶夫斯基……，以及馬克思在〈共產黨宣言〉中描繪資本主義的動盪，在「一切堅固的事物都煙消雲散了」的前提下，一種從共產主義運動中獲得的叛反、平衡，形成了可以安慰更多人的理想。

　　一九八二年，哲學家馬歇爾・伯曼（Marshall Berman）引用馬克思名言，在《一切堅固的事物都煙消雲散了》（All that is solid melts into air，the experience of modernity）書中，指出現代性讓「全世界的人們共享著一種對時空、人我，以及生活的各種可能性與風險的經

驗」，並且推論在工業化發展趨勢中，科學與技術的結合加速了我們的生活步調，在這加速創新的過程同時也摧毀既有的環境。

就在跨世紀的二〇〇〇年，波蘭社會學家齊格蒙‧包曼（Zygmunt Bauman）提出「液態現代性」，指出工業革命與資本主義體制時期的現代性是堅固的固態，以空間佔有為主；隨著科技、交通運輸和傳播的日新月異，我們掙脫空間、地域的限制，液態現代性更凸顯出無所不在的時間、速度和變化，生命的情境成為一關又一關的過關遊戲，所以，透過「老爺爺老奶奶服務生餐廳」、「只有一本書書店」、「心意花店」和「行動雜貨店」解決現實問題，「藝術客製象棋店」、「量身設計旅行店」、「熱血Youtuber的訓練店」、「實踐一切夢想的VR旅館」……注入精神活水的嶄新嘗試，促成多元而豐富的學習，結合自己的熱情和專長，跨界思索，在一切堅固都煙消雲散時，還有更多一點點的想像和熱血，支撐我們確信，永遠不會失去愛的能力！我們還可以用一生的熱血揮灑，凝固一切我們所相信的、渴望的，可以一起好好的，好好相守。

二　當固態的空間都化成液態的時間

當固態的空間都化成液態的時間，確定我們想確定的，變得越來越難。所以，在人人強打「快、快、快」的電信競爭裡，導演彭文淳、攝影大師伊島薰和金馬獎常勝軍奚仲文，找來復古版的金城武，坐在充滿懷舊氛圍的日式建築中，聽一張老唱片在唱盤上幽幽轉著早就消失在時光中的經典老歌，風聲、雨聲、小鳥迴旋、打字機單調重複，在悠閒餘韻中點醒「世界越快，心，則慢」，才會那麼輕易的在線帶節奏中挖出蟲洞，讓我們沉入不知道落腳在哪裡的時空？

時間流逝，生命衰頹，每半年回新店慈濟醫院驗血追蹤的往返行

進，隨著時季變化，印記成越來越深的風景。連著幾年，流蘇盛開時，我都撐著傘，走在慈濟庭廊，看陽光慢慢透過雲層，光縷如泣如訴，握著傘柄，仰看傘面外的這風、這雨、這變幻無窮的花絮和陽光，有一種意外浮起的心情流動，天眼偶開，特別感謝還可以握住這一季又一季的花開花謝……。

生命有所變動，心靈版圖自然就跟著轉移。坐在車上，重讀 Zygmunt Bauman 媲美羅蘭·巴特《戀人絮語》的社會學名作《液體之愛——論人際紐帶的脆弱》，在他七十八歲垂老時，延伸「液體現代性」，詮釋脆弱的愛情，害怕孤單，所以找人同行，但新的不安卻從別處湧現，渴望與人相繫，卻更恐懼被就此綁死，只能一次又一次聚合，一次又一次分離。我們還是凝凍在困頓中的小蟲，從兩人之間的愛戀開始，開展到家庭、鄰里、城市、社群，再到領土、民族、國家直至全球化的世界。

這是多年前阿寶老師寄給我的無數本好書之一，特別適合在這個不安的年代重讀。更巧的是，抱著書包，坐在環狀線裡讀書，書包震動著，接到阿寶老師電話：「真難找啊！為什麼這麼多天都不接電話？」

「啊，周六要早起，周五調成靜音後忘記改回來。」驚慌失措向最敬愛的指導教授請罪。老師正在為我的新書《崑崙山神獸樂園》寫序，問了幾個主要角色的後續發展，淡淡說了「很用功」後，忽然問：「怎麼會寫到白澤？」

「因為可以透過白澤獻《精怪圖》，把上古神話一起兜起來。」我像分到很多糖果的孩子，載欣載奔，卻又結結巴巴。阿寶老師淡淡說：「《山海經》裡並沒有提到白澤，你這樣，就寫進了史前史。」

啊，聽起來是好話。真開心！從寫碩論時就深深覺得，阿寶老師指導論文如禪宗，總是一兩句話打住，讓人耗上好多心思，慢慢「參

禪」。掛上電話，腦子裡浮盪著簡單的一兩句話：「很用功」、「史前史」，這些關鍵字像GODIVA心形巧克力，又濃又甜，所有脆弱鬆脫的人際紐帶，全都從液態的不確定凝結成固態的安好，成為最美好的印記。

三　從液態的不安凝聚成固態的溫度

二〇一九年底遷居青埔，青塘園的地標，遠遠矗立起「希望之塔」和「永恆之塔」。「希望之塔」站在水岸，拔天而起的簡淨線條，用「佇立」和「等待」孵養著希望，拉開高低落差，這樣傲然延伸出拉力，象徵以過去歷史為基底，不斷累積進步、邁向希望；「永恆之塔」地處在更低落的橋面，自水面矗然而起，橋面上散置刻意染黑的鑄鐵木椅，充滿歲月的重量，塔頂設置了扭轉迴望的小燈樓，僅以望向東方的微光，向亙古的陽光致意，在「拉鋸」和「回眸」中觸及永恆。

這兩座橋，是青埔生活最浪漫的地方。每周六有薩克斯風社團的現場演奏，連休時，還有不同風格的單位或個人，以不同的樂器隨機演出，爵士流離、寂寞感傷、臺語經典、國標起舞……，時而在橋下露臺、碼頭，點綴著一個人的口琴、樹笛、大提琴，水面上搖曳著遙控迷你郵輪的光點，「希望」和「永恆」成為生命反覆的命題，就如初照眼時的無端聯想，真的是慢慢生活的好地方。

搬家前後這三年，都糾纏在《山海經》的三部曲改寫，滿腦子都是神獸。從黃昏時慢慢散步到黑夜，看著從水中悍然拔起的「永恆之塔」，橋身纏縛著的鐵索斜張拉力，曲扭向東的翹首橋頭，就像白澤，癡纏和失落、愛戀和疼痛，都在千萬年的日昇日落中翻疊重複；水岸邊線條素簡的「希望之塔」，總讓我想起陸吾，這樣安定沉靜，

期待青春鮮燦，對未來懷著永遠可以更好的無限希望。

趕著寫《靈獸轉生》大結局，寫到從死裡翻生的白澤，藏著那麼多的疼痛與摯愛、死亡與成全，又寫著經歷天荒枯寒、無邊無涯的生死輪迴的陸吾，無比強大卻又不爭不勝，宛如在青塘園看見白澤在「拉鋸」和「回眸」中鍛鑄永恆，陸吾又在「佇立」和「等待」中生養出希望。

教師節，接到最敬愛的阿寶老師傳訊息給我，他剛動完刀，準備北上。和老師約相見，是現世混亂中讓我最安心的「希望之塔」，他的熱情、見識和提攜，也成就了我仰望和追尋的「永恆之塔」。

認識阿寶老師二十年，我像一顆星子，仰望無限星空。「希望」和「永恆」成為無限辯證，無論生活或文字，都成為真實人間的試煉與學習，從無可確徵的液態流動，慢慢凝聚成固態的信任和溫度，能夠依循著他的軌跡，慢慢在星際間流盪，微光點點，所有的記憶，都成為小學徒最幸福的指引。

——原刊於「黃秋芳的巨蟹座水國」發表於2020年5月25日〈流動，心靈版圖的轉移〉和2020年9月28日〈希望和永恆〉兩篇作品中的阿寶老師，2022年4月15日刪節重組。

文學研究叢書・兒童文學叢刊 0809026

一顆星子，這樣仰望星系
——林文寶小徒弟的幸福路引

作　　者	黃秋芳
責任編輯	張晏瑞
助理編輯	蘇　籥、陳宣伊
發 行 人	林慶彰
總 經 理	梁錦興
總 編 輯	張晏瑞
編 輯 所	萬卷樓圖書股份有限公司
排　　版	林曉敏
印　　刷	百通科技股份有限公司
封面設計	呂玉姍

發　　行　萬卷樓圖書股份有限公司
　　　　　臺北市羅斯福路二段 41 號 6 樓之 3
　　　　　電話 (02)23216565
　　　　　傳真 (02)23218698
　　　　　電郵 SERVICE@WANJUAN.COM.TW
香港經銷　香港聯合書刊物流有限公司
　　　　　電話 (852)21502100
　　　　　傳真 (852)23560735

ISBN　978-986-478-747-0
2022 年 9 月 2 日初版
定價：新臺幣 320 元

如何購買本書：
1. 劃撥購書，請透過以下郵政劃撥帳號：
　　帳號：15624015
　　戶名：萬卷樓圖書股份有限公司
2. 轉帳購書，請透過以下帳戶
　　合作金庫銀行 古亭分行
　　戶名：萬卷樓圖書股份有限公司
　　帳號：0877717092596
3. 網路購書，請透過萬卷樓網站
　　網址 WWW.WANJUAN.COM.TW
大量購書，請直接聯繫我們，將有專人為
您服務。客服：(02)23216565 分機 10

如有缺頁、破損或裝訂錯誤，請寄回更換
版權所有・翻印必究
Copyright©2022 by WanJuanLou Books CO., Ltd.
All Right Reserved　　　　　Printed in Taiwan

國家圖書館出版品預行編目資料

一顆星子,這樣仰望星系：林文寶小徒弟的幸福
路引 / 黃秋芳著. -- 初版. –
臺北市：萬卷樓圖書股份有限公司, 2022.09.02
　面；　公分. -- (兒童文學叢刊)
ISBN 978-986-478-747-0(平裝)
1.CST: 林文寶　2.CST: 學術思想　3.CST: 兒童文
學　4.CST: 臺灣傳記
　　783.3886　　　　　　　　111013578